1

Recetas Mágicas

ISBN: 978-0-578-00566-9
www.marylinferreiro.com

Preámbulo

Desde los viejos tiempos, los seres humanos nos hemos ayudado con magias para aumentar y alcanzar nuestras metas y deseos.

La magia ha sido utilizada por los mejores brujos del mundo para aumentar las energías positivas y combatir las energías negativas.

Cabe aclararse que la FE juega un papel muy importante en nuestras vidas. Con FE, hasta un vaso de agua tiene su efecto.

La magia es un arma poderosa en nuestras manos, para influenciar el universo que nos rodea.

Nunca se debe utilizar la magia con fines dañinos, ya que toda energía evoluciona... y regresa. Todo el daño que le deseemos a otro ser humano, se regresará contra nosotros mismos. Es la ley del karma a la cual estamos todos sujetos.

Por consiguiente, les invito a disfrutar de estas magias y los exhorto a practicarlas de forma positiva, para ayudarse a mejorar sus vidas.

Marylin Ferreiro

Tabla de Contenido

MAGIAS DE AMOR

Amarre con una prenda de la persona

Para realizar este hechizo mágico de amor, deberá Ud. comenzarlos entre las 4,30 y 5 hrs. de la mañana.

En una hoja de papel en blanco escribe el nombre de la persona amada con letra cursiva, justo encima de esa escritura coloque su nombre completo en la misma dirección, o sea uno sobre el otro, repita esta operación por 8 veces consecutivas. Busque una prenda suya y otra de la persona amada* en el caso de no tener ninguna prenda, puede comprar una apropiada con el pensamiento puesto en su amor* Envuelva las prendas de la siguiente forma primero coloque sobre la mesa su prenda, luego la de la persona amada y en centro de ella el papel con los nombres, encima del papel coloque limadura de sus propias uñas obtenidas con una lima de metal, doble todo en forma de rollo, átelo con un hilo blanco y mientras está realizando esta operación, vaya pensando:"así como ato estas prendas y nombres, quiero que... (Decir el nombre de la persona) se encuentre atada a mí en cuerpo y alma" Concluido esto coloque al lado del envoltorio una vela color ROJO, enciéndala y pida fuertemente por su amor.

Una vez que hayan transcurrido unos 30 minutos, tome el atado de prendas colóquelos en un recipiente de metal y rocíelo con 4 cucharadas de aceite de soja (o soya), seguidamente queme con la llama de un fósforo, todo el atado. Lleve con mucho cuidado las cenizas a un parque o a una plaza y échelas al viento, pidiendo siempre por el amor y la unión deseada.

Amarre de amor y Dominio

- 2 muñecos de cera rojo (velas).
- 1 metro de cinta roja.
- 1 extracto de amarre sexual guajiro
- Orina propio
- 3 cucharadas de miel.
- 1 lata.

Se colocan los nombres correspondientes a cada muñeco, el de la persona que se quiere amarrar de arriba hacia abajo y el de uno de abajo hacia arriba.

Luego se atan los dos muñecos de frente con la cinta roja, después se colocan dentro de la lata y se bañan con la orina el extracto y la miel, estos se deben dejar dentro de la lata pero sin cubrir los muñecos, luego se reza la oración al Espíritu del Desespero y se encienden las velas.

Oración:

En esta hora de amargura para mi alma agobiada por la incertidumbre; yo te invoco con toda la fuerza y voluntad de mi espíritu, para que te posesiones de los cinco sentidos de (nombre de la otra persona) subyugándole a mi exclusiva voluntad, y que solo a mí me dedique su fe, amor y fidelidad. Ven, ven Espíritu del Desespero, oye esta suplica que te imploro en el nombre del Padre del Hijo y del Espíritu Santo. Amén.

Se rezan tres Padrenuestros, tres Avemarías, una Salve y un Credo... El orine se debe de recoger temprano en la mañana

Amarrar un hombre o mujer:

Este amarre es para siempre y debes estar seguro que así lo quieres. Primero debes conseguir 3 velas rojas gruesas y escribir el nombre de ambos de arriba hacia abajo con una aguja de coser, consigue un listón rojo, miel de abejas, esencia de Venus y afrodita y untar con todo esto cada vela.

Luego escribir en el listón tu nombre y el de tu amado(a) y la frase:

"AMARRADOS, ATADOS Y LIGADOS POR SIEMPRE"

Debes colocar las velas juntas, pegadas y darle 3 vueltas con el listón. Las enciendes un viernes con la una en fase creciente y dices:
"Espíritu, alma y cuerpo de... declaro y decreto, ordeno y mando que entres atado(a) ligado(a)y amarrado(a)mi desde ahora y para siempre, siempre querrás estar conmigo, donde quiera que yo este y nunca podrás dejarme ni querrás hacerlo porque así lo quiero y así es"
Amen

Lo que quede de la quema de las velas debes enterrarlo en una matera y colocar una planta con flores

No importa si se muere la planta. Ya estará atado(a) a ti por siempre.

Amarre con dos muñecos:

Ingredientes

- 2 Muñecos
- Cinta ritual roja, verde, amarilla
- Amarre haitiano
- 14 clavos de olor
- Imán macho
- Imán hembra
- Pergamino
- 5 Velas rojas

Procedimiento:

Remojar los muñecos con todo el amarre haitiano (bautizándolos y dándoles el nombre a cada uno y escribírselo en cada uno). Descoserle un pedacito y meterle 7 clavos de olor en cada uno y un imán macho y hembra.

Ponerlos frente a frente y así unidos atarlos con la cinta hecha trenza haciendo siete nudos al final. Escriba en el pergamino los nombres de Uds. Y quédelo junto a velas rojas.

Guarde en el frízer los muñecos envueltos en papel aluminio durante 3 semanas. Retírelo y entierre en un maceta grande donde pondrá 1 planta que cuidara con esmero. A medida que crezca la planta crecerá el amor entre los dos.

<u>Amarre con pelo de la persona</u>:

Realizarlo un Martes en fase lunar Llena

Para conseguir que alguien que no nos quiere y está con otra persona la deje y se enamore de nosotros deberemos conseguir un mechón de pelo de la persona; si nos es difícil conseguirlo, nos vale con unos poco pelos suyos (de un peine por ejemplo).

En un cuenco de BARRO debemos hacer una pasta con cacao, azúcar, harina y leche (como si fuera un dulce). Debemos conseguir que quede pastosa.

Una vez que tengamos esta mezcla la debemos untar en el mechón de pelo de nuestro amado/a; el conjunto resultante lo envolvemos en papel de plata y lo metemos debajo de nuestra cama.

Si no se puede meter debajo de la cama lo metemos debajo de la almohada dentro del forro. Ahí deberá estar durante 2 semanas más o menos; si despide algún olor extraño deberemos envolverlo con más papel de plata hasta que deje de oler.

Tras dos semanas debemos enterrarlo en una maceta de nuestra casa que tenga alguna planta sana. En breve esa persona se enamorará locamente de nosotros.

Amarre Guajiro

Este Amarre le ayudará a tener única y totalmente el amor y la pasión del hombre de su vida.

Realizarlo: un Martes regido por el Planeta Martes

Horas: A las 3 de la tarde

Ingredientes:

- Una vela de Imágenes color rojas Hembra y Macho
- Extracto de amarre guajiro
- Polvo amarre de lenguas
- Aceite ligadura
- Aceite imán
- Hierba abedul
- Hierba cardamom
- Clavel blanco

Método:

Coja las Imágenes y conjúralas con los respectivos nombres .Ahora en la imagen de ella escribirás el nombre de él y en la imagen de él; el nombre de ella .Se deberán de escribir de la base hacia arriba.

Coja rápidamente las Hierbas y macéralas solo unos cuantos ramitos incluyendo el clavel el cual le quitaras tallo por tallo. Rápidamente cojeras el extracto y le pondrás a las hierbas el extracto y dirás:

"Que este elixir vaya conjurando estas Hierbas y que esta sirva de amarre para fomentar nuestro amor"

Rápidamente empape las imágenes bien con este preparado amoroso y pida mentalmente lo deseado.

Ahora pondrás en tu mesa de conjuros sobre un platito cada vela la tuya en la izquierda y la de él en la derecha.

Las encenderás y las dejaras arder por 5 minutos, recuerde hacer una petición muy romántica y con posición de amarre.

Y diga:

" Como la llama arde así ardera nuestra unión
de amor y pasión;

Como cada día nos uniremos más y más y nos ataremos con una fuerza
inquebrantable porque nuestro amor esta ya bendecido por nuestro
destino y por nuestro Dios".

Todos los días a la misma hora deberá encender las velas por 5 minutos y
moviéndolos 5 mm hasta que lleguen los 7 días; a los 7 días se deben de
tocar cada vela y se dejaran arder en su totalidad.

Recuerde todos los días pedir cada vez que las enciendas haciendo una
Oración al Santo que eligió.

Los restos se pueden guardar en una bolsa de conjuro color roja
echándole un poco de extracto guajiro. Si no quedan restos está bien,
dele las gracias al Santo que utilizo por la bendición de que acepto el
trabajo.

Luego haga esto: Aplíquese un poco de este polvo en las manos y acaricie
totalmente a su pareja; por todos los días o antes y después de hacer el
amor para que las relaciones sean completamente satisfactorias. Mientras
toma el polvo, Mentalice con fuerza a su pareja para tenerla a su lado
para siempre.

Amarre para que piense solo en ti

Realizarlo: Un martes,
Fase de la Luna: Menguante
Ingredientes:

- Una prenda intima de él y otra tuya
- Un recipiente
- Hilo dorado
- Miel de Abeja
- Agua de Lluvia (solo un chorrito)

Tome las prendas intimas de él/ella y otra suya. Únalas firmemente con el hilo de coser dorado.
En un recipiente vierta agua de lluvia con tres chorritos de miel y coloque allí las prendas. Déjelas durante un día.

Luego retírelas y diga:

"Ato tus sentimientos a mis sentimientos,
ato tu corazón a mi corazón,
ato tu deseo a mi deseo,
ato tu vida a mi vida;
Te amarro desde hoy hasta el final de mis días".

Colóquelas tres días al sol y tres noches bajo la luz de la Luna. Arroje el agua por el sanitario. Descosa la prenda y use la suya cada vez que estén juntos

Amarre con polvos

Este ritual se hará para amarrar a su pareja cuando se ha distanciado de vos.

Realizarse: Un Jueves

Fase Lunar: Menguante

Ingredientes:

- Velas de Pareja color Blanco
- Polvo Amarre total o Amarra Hombre
- Polvo leche de Mujer
- Polvo leche de Hombre
- Polvo Atadura con garrapata
- Polvo nudo
- Tela de color roja
- Una cajita
- Cinta de color blanco

Coja la vela de figura de hombre y escríbele el nombre suyo de la base hacia arriba y bautiza la figura con su nombre. Coja la figura de mujer y ponle el nombre de él desde la base hacia arriba luego bautízala con el nombre tuyo. Rápidamente coja los polvos en platito pondrás una cantidad que pueda arropar las Imágenes. Coja el nombre de su amado 7 veces escrito en pergamino virgen y el suyo de igual manera y quémelos añadiéndolo todo con los polvos.

Conjúralos y diga: "Amarado y atado te quiero --- y con cada polvo a mi te ataras, con esta ligadura te conjuro de los pies hasta la cabeza y de mi no te pondrás escapar".

Diga al echar los polvos diga: " Como la leche es pura y fertilizante así será nuestra pasión Como la Atadura que se liga y no se rompe después de tantas ataduras;

Como el amarre conjurado es difícil de disolver; así de atado será nuestras vidas , que jamás se disolverán".

Coja los muñecos y ponlos de frente (mirándose) ;Ata una cinta color blanco haciéndole un nudo y diga: "Con este nudo te ato a mi vida y esto perdurara toda la vida"

Coja la rosa roja y pártele lo restante dejando una cuarta parte de la flor y ponla con cuidado en el nudo y con cuidado átela a las velas como posesión de aguantar un ramo y diga: " Como la rosa roja representa la pasión

como la flor su aroma esparce; como dos vidas unidas para toda una vida; como este amarre que jamás se romperá y

como estas dos almas que se unirán para toda la eternidad".

Coja una tela de color roja y envuelva los muñecos con cuidado que no se vayan a romper.

Guárdalo en una cajita donde nadie lo vea o toque como un tesoro escondido. Ahora haga esto: Aplique un poco de este polvo en sus manos cuando este con la persona amada y acaricie discretamente la nuca y la espalda. Hágalo con mucha fe y obtendrá excelentes resultados. También si tiene la oportunidad se puede poner en las suelas de los zapatos de su amado sin que el sospeche pidiendo con ello lo deseado.

Diga una oración de amor y pida con fe lo deseado.

Amarre con una escoba

Ingredientes

- Dos escobas de 30 cms, de color rojo.
- Listones de colores dorado, rosa y morado. El largo de éstos dependerá del tamaño de la vela
- Hoja de papel de color rojo o rosa, quemado en las orillas
- Tinta de color rojo
- Pluma fuente
- Vela de color rojo
- Esencia o aceite de rosa
- Miel de abeja
- Canela en polvo
- Palillos de Madera
- Plato, platón o charola de metal plateado
- Pétalos de rosa roja, deshidratados

Método

El día viernes, antes de las 14:22 PM, tomas la vela y la unges con el aceite de rosa, la bañas con miel de abeja, cuidando de no humedecer el pabilo (mecha) y la rocías con el polvo de canela.

Con un palillo escribes en la vela tu nombre completo y también el de la persona amada*, entrelazando ambos. (Si es con letra manuscrita, será mejor.) La colocas en la bandeja en donde pusiste los pétalos de rosa.

Trenzas los listones, haciendo dos nudos al principio, dos en medio y dos al final. Mientras los haces, repites suavemente (como soplando) tu nombre completo y el de quien amas*.

Tomas ambas escobas y las sacudes al viento dos veces, volteando hacia cada punto cardinal. Con ambas barres los materiales (vela, listones, bandeja, hoja de papel y manguillo o pluma), mientras dices:

Escobas mágicas, que han venido a alejar de mí la soledad, sacudan mi letargo, despejen el camino para que (nombre de...) llegue a mi vida y cumpla su destino.

Cuando termines de barrer te asomas a la ventana y sacudes ambas escobas para que arrojen al aire lo que entorpece el inicio o la llegada de tu amor, mientras repites:

Escobas mágicas, amigas permanentes, llévense lejos mis tristezas, arrojen prestas cualquier defecto que entorpezca mi relación con (nombre de...)

Tomas la trenza de listones y, mientras atas juntas ambas escobas, dices: Escobitas hechiceras, al igual que ustedes están atadas, yo (tu nombre) deseo atarme a (nombre de...), para que, a través de mutuo amor, ambos trascendamos esta estadía, libres de temores y egoísmos.

Pones ambas escobas en la bandeja, junto a la vela. Luego tomas la hoja de papel y la pluma y escribes de un lado cinco buenas razones por las que requieres encontrar hoy a tu amor. Al reverso de tu hoja escribes ambos nombres entrelazados, llenando la hoja y los espacios libres de la parte anterior. Al escribirlos los repites en voz alta. Doblas la hoja en 22 partes y la colocas doblada debajo de la vela.

A las 2: 22 PM del viernes enciendes la vela mientras repites: Escobas trenzadas, escobas amadas. Amistosas amigas, en conjunción con el fuego traigan ya a mi vida y espacio al ser amado. Escobas mágicas, escobas mías, unidas como ustedes llenaremos nuestro espacio de armonía, amor, pasión y abundancia.

Enciendes la vela; cuando se acabe retiras el cabo, lo envuelves en papel de china rojo y lo guardas en el cajón de tu mesa de noche, del lado izquierdo de tu cama. Colocas ambas escobas atadas en el centro de tu cama, entre el colchón y la base.

Antes de 22 días tendrás a la persona amada a tu lado.

Amarre con San Antonio:

En una vela nudo color rojo, se escribe el nombre de la pareja. En la parte larga se escribe el nombre del varón, en la parte que representa el nudo se escribe el nombre de la mujer.

Primero se prende una vela roja a San Antonio y se le pide que: ....
Y.......... (Se dice el nombre de las 2 personas) estén unidos para siempre en cuerpo y alma. Y que............. Únicamente sienta deseos sexuales con.....................

Delante de la vela nudo se coloca un vaso o vasija con miel, dentro se ponen 2 papeles con el nombre de la pareja, por separado.

Sobre los papeles, se rocía con Pó Unión y 7 pétalos de rosa roja. Se sahúma con 3 conos Chama de Amor.

Este trabajo debe realizarse durante 7 días consecutivos.

Al octavo día, se juntan los restos de velas sahumerios y se entierran en el jardín o en su defecto en una maceta, con la miel del vaso rocíe los restos y luego tape. Puede ponerle una planta de rosas u otras con flores.

Para una pareja que quiere partir

Ingredientes

- 3 cabellos de la persona (que se quiere atar)
- 3 cabellos tuyos
- 1 rosa roja
- 1 vela roja
- 1 vela blanca
- 1 caja de cerillos de madera
- 1 pedazo de papel de china blanco 10 X 10
- 1 pedazo de papel de china rojo 10 x 10
- 1 paño rojo
- 1 plumón de agua rojo
- 1 cenicero

Método

Sobre una mesa de madera o cualquier mueble de madera extenderá el paño rojo a continuación esparcirá encima del paño los pétalos de la rosa roja, en la parte de en medio del paño ubicara las dos velas, la roja del lado derecho y la blanca del lado izquierdo, empezara a hacer un nudo con un cabello suyo y el de la persona que desea que no se vaya de usted hasta completar los tres mientras reza: (tú eres MIA o (mío) te amarro a mí para que no puedas irte porque yo soy la persona que verdaderamente te ama, que verdaderamente te quiere, invoco a dios y a sus Ángeles para que no te vayas) enseguida prende las dos velas primero la roja y después la blanca (con los cerillos de madera) y reza: Cuando las estés prendiendo esta es la luz que tu (el nombre de la persona) únicamente veraz de ahora en adelante porque yo soy quien verdaderamente te quiere, quien verdaderamente te ama.

Pondrás el papel china blanco encima del rojo y colocaras los tres pares de cabellos encima de estos y con el plumón rojo dibujas un corazón con tu nombre y el de la persona después procede a enrollarlo en forma de cigarrillo y rezaras. Tú (el nombre de la persona) ya eres parte de mí y no tienes otro camino más que el camino que vez con estas luces.

Al terminar prendes el rollo primero de un extremo con la vela roja y del otro extremo con la vela blanca y lo depositas en el cenicero para que se consuma mientras reza: yo (tu nombre) soy el único camino en este camino yo te guió por que verdaderamente te quiero, verdaderamente te amo.

Al terminar de consumirse el rollito de papel en el cenicero soplas la ceniza en la primera ventana que este a tu alcance y rezas: Este amarre es porque yo te quiero, porque no quiero que te vayas de mi lado, nunca amor mío (el nombre de la persona. Este rito lo efectúas después de las ocho de la noche los días viernes durante un mes.

Amarre poderoso:

Ingredientes:

- 1 Clavo Grande
- 1 Cinta roja
- 1 Foto de la Pareja
- 1 Prenda de la persona. Que se amarrara
- 1 Estampa de la SM

Método:

Antes de hacer. Todo esto le pides permiso a la Santa muerte para realizarlos y la invocas, para bendecid los elementos utilizar. En la foto, escribirás el nombre de ambos de con los apellidos, cambiados.

Con la cinta harás lo mismo. Tomas la prenda, en ella guardas la foto y la estampa de la Santísima Muerte y lo envuelves, como un paquete, con la cinta terminas de amarrar... Mientras, lo haces, pides a la Santísima Muerte esto: Santa Muerte que -----, regrese a mí, que no tenga paz, tranquilidad, no pueda estar con nadie, que constantemente este pensando en mi yo -----.

Que no pueda en silla sentarse, ni en mesa comer, ni dormir, que este intranquilo hasta que regresa a ti. Le pides con fuerza todo lo que desees. Luego entierra, en tu jardín, lo preparado... y con el clavo... Clavas, encima del paquete y pides, que así, como clavas ese clavo:

"Así te clavaras, en los pensamiento de ----"
Invocas siempre a NUESTRA NIÑA, para que te lo traiga... tapas todo...
Todo los días, pisas esa parte del jardín donde lo enterraste...y zapateas... encima de tu trabajo, haciendo el pedido...

Amarre eterno:

Ingredientes:

- 3 velas de color rojo oscuro, (entre más oscuro mejor)
- Un listón rojo

Método:

Coloca tu nombre y el de la persona que amas de arriba hacia abajo en cada vela, es decir desde el pabilo hasta la base, ahora une las tres velas con el listón rojo en el cual has escrito previamente:

" atados, ligados y amarrados por siempre"

Asegura las tres velas con el listón y asegurarte que queden bien juntitas, luego haces tres nudos diciendo cada vez que hagas uno: "En el nombre de Dios hijo Verbo hecho carne, si y amen de Dios padre yo decreto y declaro que -----l estará atado, ligado y amarrado a mi (decir propio nombre) para siempre, conjuro esto en el nombre de Dios y con su permiso amen, amen, amen."

Este hechizo poderoso y garantizado debes realizarlo un viernes en el cual la luna sea llena. Ten confianza y mucha fe.

Amarre de amor

Ingredientes:

- 2 muñecos de cera rojo (velas).
- 1 metro de cinta roja.
- 1 extracto de amarre sexual guajiro
- Orina propio
- 3 cucharadas de miel.
- 1 lata.

Método:

Se colocan los nombres correspondientes a cada muñeco, el de la persona que se quiere amarrar de arriba hacia abajo y el de uno de abajo hacia arriba; luego se atan los dos muñecos de frente con la cinta roja, después se colocan dentro de la lata y se bañan con la orina el extracto y la miel, estos se deben dejar dentro de la lata pero sin cubrir los muñecos, luego se reza la oración al Espíritu del Desespero y se encienden las velas.

Oración: En esta hora de amargura para mi alma agobiada por la incertidumbre; yo te invoco con toda la fuerza y voluntad de mi espíritu, para que te posesiones de los cinco sentidos de (nombre de la otra persona) subyugándole a mi exclusiva voluntad, y que solo a mí me dedique su fe, amor y fidelidad. Ven, ven Espíritu del Desespero, oye esta suplica que te imploro en el nombre del Padre del Hijo y del Espíritu Santo. Amén. Se rezan tres Padrenuestros, tres Avemarías, una Salve y un Credo...

Amarre de amor

Ingredientes:

- 1 frasco limpio
- Miel de abejas
- 1 foto de tu amado
- Bolígrafo
- Ropa interior roja tuya

Método:

En un frasco limpio echas miel hasta llenarlo, a continuación tomas una foto de tu amor y escribes en ella tu nombre y el suyo (nombres completos), después pones una pequeña frase como: que el amor de.... sea solamente de... tu nombre metes la foto y cierras el frasco, lo tapas con una ropa interior tuya de color rojo y guardas el frasco en tu cajón de ropa interior...

La foto del amor:

Ingredientes:

- Una foto del chico/a
- Talco
- Una vela roja

Método:

Hacer un círculo en el suelo o alfombra con el talco, Poner la vela en el medio del círculo, prender la vela y quemar la foto.
En una semana tu amor será todo tuyo.
Las cenizas se soplan a fuera

Amarre para enamorar locamente:

Ingredientes:

- 2 fotos
- Pelo de tu amado
- 6 alfileres
- Tela negra
- Hilo rojo

Método

Tomar dos fotos, y meter entre ellas un mechón de pelo, de la persona que está haciendo el ritual, si se tiene de la pareja...mejor

Se unen las dos fotos con 6 alfileres, que se colocan uno al lado del otro en forma horizontal y muy juntitos...luego se envuelve todo en un trozo de tela negra, del mismo tamaño de las fotos, y se cose alrededor con hilo rojo.

Todas las noches se pone debajo de la almohada...y por las mañanas se saca y se guarda
en un lugar oscuro.

Ungüento de amor:

Ingredientes:

- 1 foto de la persona a enamorar.
- 1 cucharada de sal marina.
- 7 pétalos de jazmín.
- 7 pétalos de rosa roja.
- 1 cucharada de miel.
- 1 pote con tapa.
- unas gotas de agua de azahar.

Método:

Coloque en el pote todos los ingredientes (menos la foto) y déjelos macerar una semana debajo de su cama con el pote cerrado.

Pasado este tiempo, abra el pote y haga una pasta con todos los elementos. Una vez preparada, distribúyala encima de la foto. Mientras lo hace, háblele al retrato manifestándole todos sus sentimientos...

Una vez untada la foto del modo q se indica, colóquela en un sobre. Por fuera de sobre se debe escribir primero el nombre de la persona amada y encima, cruzándolo, el nombre propio.

Este sobre debe guardase dentro de un libro de poemas de amor para q sus vibraciones lo impregnen y, de ese modo, atraiga a la persona deseada a nuestra vida.

Caramelo para unir parejas

Ingredientes:

- una pequeña cazuela de barro.
- 100 g de azúcar blanca.
- 100 de azúcar negra.
- Alcohol.

Método:

Este ritual debe realizarlo de noche, bajo una luz tenue que le permita visualizar, en el humo que emana de la combustión, a las 2 personas que intenta unir.

Mezcle los 2 tipos de azúcar en el recipiente y vierta un poco de alcohol encima, lo que permitirá que se queme más fácilmente. Prenda fuego con mucho cuidado, sin acercar el rostro. La mezcla se irá convirtiendo en una masa de caramelo. Mientras se va quemando, repita tres veces:

"que al igual que el blanco y el negro se unen en un abrazo, que (nombre del varón) y (nombre de la mujer) formen una unión duradera gracias al sagrado abrazo del amor"

Para terminar, deje enfriar el caramelo y luego guárdelo en una bolsita de color rojo para usarlo como amuleto. Se puede llevar con uno o dejarlo en casa, entre la ropa interior

Hechizo de amor:

Ingredientes:

- Papel rosa o rojo
- 7 pétalos de rosa
- 3 gotas de tu colonia favorita
- Un lazo rojo
- algo suyo
- Una caja donde quepa todo

Método:

Pon la colonia en el papel y pon encima los pétalos de rosa (pensando en esa persona tan especial)
en el papel escribe su nombre y el tuyo en un gran corazón rojo. Pon lo suyo y Di el conjuro:

"Pétalos de rosa
haced que esta persona
me ame más que a otra
haced que solo huela mi colonia."

Guárdalo todo en la caja y pon alrededor de la caja el lazo. Guarda la caja en un sitio especial donde nadie la pueda encontrar y... el hechizo se hará realidad!

Para el amor:

Ingredientes:

- Un vaso de agua
- Un trozo de papel rosa.

Método:

Escribe el nombre de tu pareja en el trozo de papel rosa, y dóblalo todo lo que puedas. El agua que sea fría.

Pronuncia las siguientes palabras en voz alta:
Que el chico/a al que más quiero, venga a mí en los siguientes breves momentos. Si es así sabré que su amor me corresponde para siempre y solo a mí

Luego:
Bebe 3 tragos de agua del mismo vaso y mete el papel dentro del agua y déjalo que se deshaga hasta que venga o te canses de esperar.

Consejo:
Cuando más grande es el papel más tarda en deshacerse, no te impacientes, tienes posibilidades a que venga mientras aun no se haya deshecho.

<u>Mágica maleficiaría</u>:

Ingredientes:

- 3 velas
- 1 tabaco

Método:

En la mágica maleficiaría andan algunas oraciones populares

Y así comienza esta operación:
Bendita la Hostia, bendito el Altar
Bendito el puro que me voy a fumar.

Se encienden tres velas, una para la Virgen, otra a San Antonio y otra a San Silvestre. Se rezan tres Salves a la Virgen, tres Credos a San Antonio y tres Padre Nuestros a San Silvestre.

El puro se enciende con tres fósforos vírgenes, y se dice:
Yo te bautizo en el nombre de............ y nombre de la interesada.
Te conjuro que has de quedar puro.
En el nombre del Padre, del Hijo y del Espíritu Santo.
Y continúa el proceso oyéndose:
Que venga---, y que nadie lo detenga...

Ritual de Amor para superar un distanciamiento:

Ingredientes:

- Cáscara seca de un durazno.
- Una cucharadita de anís (grano).
- Una cucharada de canela en polvo.
- Un brasero o sahumador.
- Un trozo de papel blanco sin líneas.
- Un lapicero tinta roja.

Método:

Prende el brasero, esparce la cáscara, el anís en grano y la canela. Escribe en el papel el nombre de los dos. Antes de que se consuman los ingredientes, arroja el papel al brasero para que se queme.

Este hechizo de amor lo harás un día viernes por estar asociado con Venus que rige el amor. El durazno estimula el deseo, el anís en grano desarrolla el poder de seducción y la canela ayuda a resolver cualquier resentimiento o malentendido.

Ritual de amor para disipar dudas:

Realizarse: Un Martes
Fase Lunar: Luna Llena

Ingredientes:

- Tres hojas secas trozadas de eucalipto.
- Mirra.
- Un trozo de papel blanco sin líneas.
- Un brasero o sahumador.

Método:

Prende el brasero, esparce las hojas de eucalipto trozadas, la mirra y el trozo del papel donde previamente habrás escrito el nombre de tu posible nuevo amor.

Este ritual de amor lo harás un día viernes, de preferencia antes de acostarte. El eucalipto tiene la propiedad esotérica de disipar las dudas en el amor.

Si tus dudas son muy severas puedes dormir con una hoja debajo de tu almohada hasta que tengas claros tus pensamientos y sentimientos.

Para que Confíe en ti:

Realizarlo: Un Martes
Fase Lunar Llena

Ingredientes:

- Papel
- Lápiz o pintura

Método:

Deberás pintar un cuadro, del tamaño que puedas. Allí dibujaras una casa hermosa, dentro de un bosque. Esa casa deberá tener muchas ventanas abiertas, un sendero, una chimenea con humo, y rodeada de árboles con muchas frutas.

Perdido dentro del dibujo, no importa que luego quede tapado por la pintura, o el óleo, escribirás:

" Confía en mí, soy de tu plena confianza.

Una vez terminada la obra, te sentaras frente a un fuego, la abollaras y arrojaras a él. Veras como no te molesta mas con sus celos!

<u>Para que te perdone</u>:

Realizarlo: Un Martes
Fase Lunar Llena

Ingredientes:

- 1 rosa roja
- Anotador
- Bolígrafo de tinta rojo
- Marcador negro
- Pluma de Plumero

Método:

Primero: deberás conseguir una rosa roja.
Segundo: Necesitaras contar con un anotador y una lapicera color rojo.
Tercero: Subrayador o resaltador color negro.
Cuarto: una pluma de plumero

Deshoja la rosa, y por cada pétalo que quites, pide perdón en voz alta por lo que has hecho. Luego en el anotador vas a colocar lo que has hecho y requieres su perdón, y tacharlo con el fibrón negro.

Adjunta la hoja con la pluma de plumero y quémalas. Pide nuevamente perdón, y el nombre de quien quieras que te perdone. Todo se solucionara fácilmente, ya verás.

Para preservar el amor:

Realizarse: la primera noche de Luna Llena.

Ingredientes:

- 1 vela blanca
- 1 vela roja
- 1 vela azul
- 1 varilla de incienso

Método

Cuando la Luna esté bien visible, encender las 3 velas, que se dispondrán en forma de triángulo y luego la varilla de incienso.

A continuación recitar la siguiente oración:

Los Destinos amables han bendecido mi casa,
Los Destinos amables han bendecido mi casa,
Los Destinos amables tienen junto a mí a mi amado/a,
yo doy las gracias con el corazón humilde.
Yo agradezco a la Diosa del Amor mi vida,
yo agradezco a la Diosa del Amor mi amor,
yo agradezco al Dios del Amor sus continuas bendiciones
y humildemente pido que siga favoreciendo mi felicidad.
Que así sea!

Ritual de amor para momentos de crisis:

Ingredientes:

- Un brasero.
- Tres hojas de laurel.
- Cáscara seca de un limón.
- Una cucharadita de canela en polvo.
- Una cucharadita de mirra.
- Una vela rosada.
- Una azucena.

Método:

Prende el brasero, esparce sobre las brasas las hojas de laurel, la canela, la mirra y la cáscara seca. Enciende la vela rosada, coloca la azucena en un vaso con agua y pide que la armonía regrese a las vidas de ambos.

Este hechizo de amor lo debes hacer dos días de la semana, un lunes por estar asociado con la luna que representa lo femenino, y un jueves porque se asocia con Júpiter, que representa lo masculino.

Puedes usar la misma vela para los dos días, calcula que se consuma la mitad de ella. Para tal efecto, escoge una vela chica.

Tu pareja es un Corazón libre?

Ingredientes:

- 1 vela roja
- 1 papel blanco
- 1 bolígrafo de tinta roja

Método:

Has conocido a una persona pero no sabes si su Corazón está libre. Para descubrirlo necesitas una vela de color rojo, un papel blanco y un bolígrafo de tinta roja.

Escribe, con el bolígrafo rojo y en el papel blanco, el nombre de ese chico especial y rodéalo con un corazón. Después, coloca esa vela roja sobre el papel y enciéndela.

Deja que se consuma durante seis minutos. Mientras se consume la vela debes concentrarte y mirar el corazón con el nombre.

Una vez transcurridos los seis minutos, apaga la vela. Si sobre el papel no ha caído ni una gota de cera seguramente el corazón de ese chico está ocupado de momento.

Si han caído entre dos y seis gotas, su corazón está ocupado pero tiene dudas. Y si han caído más de seis gotas, está libre.

<u>Hechizo de amor y prosperidad</u>:

Ingredientes:

- 1 manzana roja
- 3 rosas rojas
- 3 rosas amarillas
- 3 rosas blancas
- 7 hojas de lechuga
- Medio litro de leche
- Una cucharada de miel
- Aceites de esencias de fresa mandarina y limón.

Método:

Hervir todas las flores, la manzana y las hojas de lechuga en el medio litro de leche, dejar enfriar y agregar la miel y las esencias.

Realizar el baño a las 9 o 12 AM, lee luego el salmo 17. Carga contigo una Piedra de Ámbar para la buena suerte.

Mejorar la comunicación en la pareja:

Ingredientes:

- Papel
- Bolígrafo

Método:

Tomo una carta en la cual le expreso a la persona mis preocupaciones, mis sentimientos y la razón para ellos. Los quemo y tomo las cenizas y voy a un lugar alto donde sople el viento.

Busco la dirección del aire, para saber a qué lado lanzarlo y simplemente digo: Viento del Norte y Sur, viento del Este y del Oeste les suplico que le lleven este mensaje a mi pareja.

Con el permiso de Dios y la Diosa les pido lleven mi sentir a

_____.

Para que este abierto a el dialogo para que me escuche y me entienda, para que en su sabia voluntad me quiera.

Flechar una persona con dinero:

Realizarlo: Un Lunes
Fase Lunar llena
Ingredientes:

- 1 vela rosa
- Papel blanco
- Lápiz rosa y dorado
- 1 foto suya
- 1 tenedor
- 1 ramo de azucenas

Procedimiento: Escriba su propio nombre en el papel con lápiz rosa y luego dóblelo en cuatro partes.
Dibuje el signo $ (pesos, euros o la moneda de circulación de su país) con lápiz dorado a ambos lados del papel. Atraviese el papel con el tenedor, póngalo dentro del cuenco y esparza sobre ellos pétalos de azucenas hasta cubrirlos por completo.

Encienda la vela rosa y diga:
"Rosa de los vientos, como la pureza de estas azucenas, alguien me verá y me brindará su apoyo incondicional y su amor eterno."

Para finalizar el hechizo, apague la vela sin soplarla (moje sus dedos), esparza los pétalos sobre su cama y entierre el tenedor con el papel cerca de su casa.

Una pareja hogareña:

Ingredientes:

- 1 Casa siempre limpia
- Uno debe estar siempre limpio y perfumado
- 1 vaso de vidrio
- Agua de lluvia
- Azúcar
- Ropa de su pareja

Método:

En un vaso de vidrio ponga agua de lluvia y una pizca de azúcar, rocíe la ropa de su pareja con esta mezcla repite al mismo tiempo las siguientes palabras:
"Con agua y azúcar te conjuro para que siempre estés contento en esta casa"

El agua que le sobre no la tire, vacíela en una maceta para que su poder perdure. Posteriormente encienda una vela blanca y con ella prenda una varita de incienso de rosas; cuando esté totalmente quemada esparza las cenizas por toda la casa.

La vela, que debe estar dedicada a su pareja, déjela arder hasta que se consuma; con eso habrá concluido su hechizo.

Con esto su pareja siempre estará contenta en su hogar.

Aumentar el amor:

Ingredientes:

- 1 Varita de Incienso de Rosa
- 1 Vela Blanca
- 1 Rosa Roja
- 1 Aguja Nueva
- Cerillos de madera

Método:

Enciende el incienso de rosa, después la vela y coloca la rosa delante de ti. Toma la aguja y pasa la punta por la llama de la vela diciendo:
"Que el poder de la llama traiga el amor"
Piensa profundamente en el rostro de tu pareja y atraviesa la rosa con la punta caliente de la aguja. Traspasa 3 pétalos y di por cada uno lo siguiente:
"Amor traído por el destino, Amor reavivado por esta llama (di el nombre de la persona amada)
Ámame como el primer día, Vuelve a caer en mi encanto. Que así sea"
Apaga la vela mojando sus dedos con un poco de saliva. Tira la aguja a la basura, teniendo cuidado de no pincharte. Conserva la rosa en agua hasta que se marchite.

El efecto de este hechizo es progresivo y veras un cambio gradual.

Acercar más a tu pareja:

Realizarse: Un Martes
Fase Lunar Llena

Ingredientes:

- 2 hojas de papel Blanca
- 1 listón rojo
- Miel

Método:

En una hoja de papel blanca pones tu nombre y en otra el de él o ella le untas miel a la hoja que tiene su nombre y después pegas las hojas de manera que los nombres queden uno frente al otro después doblas las hojas y las amarras con el listón haciendo tres nudos, lo conservas siempre

Para que tu pareja sueñe contigo

Ingredientes:

- 1 papel rosa
- Bolígrafo

Método:

En un papel rosa, lo cortas en forma de cuadrado y en una esquina pones el nombre de esa persona y en la otra esquina el tuyo. Abajo en la esquina pones, "Que sueñe conmigo" y así lo haces en la otra después le echas colonia y las puntas van hacia dentro lo pones debajo de tu almohada por la noche cuando te vayas a dormir

Para desesperar a tu pareja:

Realizarse: un Martes por nueve días consecutivos solamente.
Fase Lunar Llena

Ingredientes:

- 3 velas Rojas
- Aceite "amor Brujo"

Método:

Prenda tres velas rojas y a cada vela escríbale el nombre de la persona deseada pero el nombre debe ir de abajo hacia arriba y por abajo se le saca la mecha a la vela y se debe de untar con el aceite .

Haga la petición con fe.
Usara 3 velas por día completando 9 días. Total de velas 27.

Desespero:

Realizarlo: Un viernes
Fase Lunar Llena

Ingredientes:

- 1 Vela blanca
- 1 Vela roja
- Oración del Desespero

Método:

Enciende una vela blanca y una roja, reza la oración del desespero todos los días por 7 días consecutivos .

A este ritual se le puede añadir aceite Desespero o aceite de culebra

Para el Amor:

Realizarse: en Luna llena

Ingredientes:

- Una flor
- Una fruta
- Una moneda

Método:

Hay que ir a la playa cerca de las 12 de la noche, meter los pies en el agua y ponerse de espaldas al mar.

Por encima del hombro se arroja la flor, que actuará a modo de talismán del amor, después la fruta, para que nuestra salud mejore; y finalmente, la moneda, que nos proveerá de los dones necesarios. Una vez arrojados los tres elementos, hay que esperar a que las olas nos golpeen 7 ó 9 veces, y a continuación, lavarse la cara con agua del mar.

Para que nadie te mienta:

Ingredientes:

- 1 recipiente grande con agua

Método:

Para que no te mientan solo tienes que poner en un recipiente con agua al aire libre (es preferible que el recipiente sea como para que te sumerjas en el).

Luego de eso tienes que fijar la luna para que se refleje en el agua, y dice : para la mentira hay un secreto que nadie me mienta porque yo así lo decreto, nadie miente nadie opina para esto me entrego a la luna santa de fe.

Después de esto te bañas en el recipiente que debe estar al aire libre.(recuerda que no debes estar con prenda alguna o sino el conjuro no funciona) después de bañarte sale y recita esto:
la luna es mi consejera nadie es mi amigo ni nadie es mi enemigo porque la luna me ha bendecido y no habrán más mentiras.

PARA LA BUENA SUERTE

Jarra de hierbas:

Para atraerse la buena fortuna en la vida o para cambiar una racha de mala suerte y transformarla en una de buena suerte, llenar una jarra con cualquier combinación de las siguientes hierbas mágicas: corteza del árbol de la familia sapodilla (género Bumelia), camolia, trébol, hierba cuscus, diente de león, frankincense, curalotodo, madreselva, hojas de huckleberry (arbusto del género Gaylussacia), musgo irlandés, lágrimas de Job, loto, raíz de hoja santa, muérdago, frijol mágico, mirra, nuez moscada, raíz de peoría, reina de la pradera, romero, corteza sagrada, madera de sándalo, menta, anís estrella, timo, frijol tonka.

Sellar la jarra estanca y mantenerla en la cocina en un estante o en el marco de la ventana. Colocar las manos sobre la jarra todas las mañanas, luego de despertar y decir:

"Rezo a Dios y a la Diosa
para que me guíen en otro día
que la fortuna por mi camino venga.
La buena suerte llamo ahora aquí"

Después de recitar la encantación mágica, con suavidad sacudir la jarra algunas veces y luego, darle un beso antes de regresarla a su lugar.

Bolsa de amuletos de protección:

Cuando haya plenilunio, llenar una bolsa de amuletos de color negro con un puñado de bálsamo (basiliscum) y tres dientes de ajo. Escribir el nombre completo, fecha de nacimiento y signo astrológico personal en un pedazo de cera blanca en forma triangular.

Ungirla con una gota de sangre de la persona y colocarla luego dentro de la bolsa de amuletos.

Sellar la bolsa, consagrarla y cargarla. Llevar la bolsa de amuletos en todo momento.

Siempre que se perciba la presencia del mal o se presienta algún peligro, frotar la bolsa de amuletos y recitar la siguiente encantación mágica:

"Oro porque cuente con tu protección.
Que todo mal sea desviado de mí.
Protégeme toda la noche.
Protégeme todo el día
y mantén mi mala suerte lejos de mí".

Para los juegos de azar

Ingredientes:

- 1 frasquito
- Coral rojo
- Clavos de especie
- Flores de paraíso
- Esencias de Suerte rápida
- Esencias de Fortuna
- Esencias de Lavanda Verde
- 1 vela amarilla

Método

En un frasquito mezclar las esencias, añadirle el coral rojo, las flores de paraíso, y los clavos de especie, luego encenderle una vela de color amarilla a la Virgen de la Caridad del Cobre; cuando esta se haya consumido deberá poner el frasquito al Sol, luego usarlo como loción después del baño o cuando vaya a jugar, deberá rociarse un poquito en las palmas de las manos, para propiciar el efecto y la acción de la buena fortuna.

El florecimiento del éxito

Ingredientes:

- Una maceta llena de abono vegetal
- Semillas de Albahaca u otra hierba aromática
- 1 Lápiz
- 1 papel
- 1 vela

Método:

Encienda la vela, y escriba en el papel, su nombre y puesto o cargo en el empleo.

Escriba debajo: "Así como estas semillas crecen y dan sus frutos, así lo hará mi éxito profesional".

Entierre el papel en el abono y plante encima las semillas siguiendo las instrucciones del paquete.

Riegue las semillas y cuide las plántulas jóvenes a medida que broten. Ponga la maceta en su escritorio o en el alfeizar de la ventana y cuide de estas plantas regándolas, abonándolas y comprobando su estado regularmente.

A medida que florezcan, en esa medida estará floreciendo su prosperidad. La vela o luminaria se podrá ofrecer al espíritu de la Prosperidad! Amén

Suerte en los juegos de azar

Ingredientes:

- 1 almohada usada
- Hojas de laurel
- 1 Geranio
- Lavanda
- Ashé de la Suerte.

Método:

Abra la almohada y mezcle estos ingredientes señalados con el relleno de esta.

Ciérrela y duerma sobre la almohada pensando que los efluvios de estas poderosas plantas incentivaran sus vibraciones personales e incrementarán su posibilidades en los juegos de azar .

Es positivo usar el Ashé de Suerte como perfume cotidiano para estimular y acrecentar sus vibraciones, entonándolos para sus objetivos de azar.

Para ganar la lotería

Día: Sábado
Fase: Luna Nueva o Luna Llena

Ingredientes:

- Billetes de Lotería
- 1 vela Naranja

Método

Coja todos los billetes de lotería que haya comprado y que no haya tirado, y quémelos con una vela naranja mientras repites mentalmente:

"Que tus cenizas vuelvan a mí en forma de premio".

Haz esta operación un sábado a la media noche, un Día de luna llena o de luna nueva.

Para los Deseos

Ingredientes:

- 3 Hojas de Laurel
- 1 Papel

Método:

La hoja de laurel se utiliza para conceder deseos.

Este hechizo relacionado con los deseos, se basa en el concepto de que quien sabe realmente lo que quiere lo puede conseguir.

Escriba el deseo en un papel. Dóblelo en tres partes y coloque en su interior tres hojas de laurel. Vuélvalo a doblar por tres y póngalo en un lugar oscuro. Cuando el deseo haya sido concedido hay que quemar el papel como acción de gracias. El proceso de escribir el deseo, y plegar el papel, debe hacerse con concentración.

Un baño de energía positiva

Ingredientes:

- 2 huevos de gallina
- 1 Papel blanco

Método:

Para cargarnos de energía positiva, construirnos una coraza que nos proteja de todas las energías negativas y sólo permita paso a las energías positivas.

Prepara dos huevos de gallina.

Darse una ducha. No baño, sino ducha.
Al terminar, no secarse con toalla alguna.
Aún mojado, toma los dos huevos, uno en cada mano. Rómpelos al mismo tiempo, en forma de aspas, sobre los hombros, el huevo de la mano izquierda, en el hombre derecho y el huevo de la mano derecha, en el hombre izquierdo.

Comienzas en los hombros, bajando por todo el cuerpo, y terminas en los pies.
La mano derecha termina sobre el pie izquierdo y la mano izquierda termina sobre el pie derecho.

Recoge las cáscaras de huevo con un papel blanco y tíralo al inodoro o cualquier sitio donde corra el agua, nunca a unas aguas estancadas.
Vuelve a ducharte para quitarte todo el huevo del cuerpo y deja que te seques con el aire, no utilices ninguna toalla o tela de ningún tipo.
Durante todo el proceso relájate y piensa positivo.

Baño para el dinero

Ingredientes:

- 5 Ramitas de perejil
- Rajitas de canela
- 1 Recipiente
- Esencia de oro
- Menta
- 1 Vela verde

Método

Ponga a hervir un paquete de perejil con cinco, siete, nueve ramitas de perejil (siempre en números impares), y rajitas de canela.

Cuando esté listo, ubique la mezcla en un recipiente y agrégale esencia de oro y menta.

Dese de cinco a siete baños según sus necesidades.

Encienda una vela de color verde.

Baño para obtener Dinero

Ingredientes:

- Polvo de Oro
- Polvo de Plata
- Esencias de: Dinero
- Colonia Talismán
- Extracto Real
- Jabón azul
- 1 vela de color amarillo.

Método

En un envase colocar un poco de agua, agregarle los polvos, las esencias.

Darse un baño normal con el jabón azul, al terminar se moja todo el cuerpo con todos los ingredientes mezclados y se deja secar sobre la piel con el aire. Luego se da la gracias por lo que se recibirá a Don Juan del Dinero; encendiéndole una vela amarilla.

Arroz, moneda y trigo

Ingredientes:

- 1 envase de vidrio, cristal o plata
- 3 tipos de arroz
- Monedas
- Semillas de trigo

Método

En un envase, preferiblemente de vidrio, cristal o plata, unifique tres tipos de arroz y échele monedas y semillas de trigo. Ubíquelo a la entrada de su residencia con la seguridad de que la energía de emanación que fluirá de allí será productiva.

Pino para el dinero

Ingredientes:

- 5 ramitas de pino natural
- 1 cinta de color rojo

Método

Conseguir cinco ramitas de pino natural y amárralo con una cinta de color rojo. Guindarlo dentro del closet o escaparate. Ofréndalo al dios de la prosperidad. Utilice cedro, quémelo sin llama para conseguir dinero y protección. Puede dejar arder el pino sin llama; purifica y atrae dinero.

Receta de Júpiter

Ingredientes:

- Aceite de Júpiter
- 3 gotas de Musgo de Roble
- 1 gota de clavo
- 1 gota de bouquet de Tonca
- 1 Vela verde
- Incienso de Pachuli

Método

Úselo para la riqueza y prosperidad, para que los ayude en los asuntos legales con la Influencia de Júpiter. Al mismo tiempo debe poner una vela verde e incienso de pachulí.

Hechizo para obtener dinero

Ingredientes:

- 7 monedas del país que desee
- 1 incienso de Almizcle o canela
- 1 vela de color verde

Método

Consiga siete monedas (de su país o del país que desee) y forme con ellas una cruz con los brazos apuntando hacia los cuatro puntos cardinales. Prenda un incienso de almizcle o canela y encienda sobre el centro de la cruz una vela de color verde diciendo con concentración y mucha fuerza de voluntad: "Que del Este venga abundancia y oro, del Oeste la abundancia y plata, del Norte magníficos regalos, y del Sur, torrentes de prosperidad y felicidad". Repita esto siete veces con mucha fe como que estuviera recitando. Luego afirmando con mucha fuerza de voluntad mágica dirá: " Que así sea, que sea, porque es mi voluntad y mi deseo, así será". Luego deje que la vela se consuma. Esto lo puede hacer las veces que lo considere necesario.

Amuleto para la suerte en los negocios

Ingredientes:

- 1 cabeza de ajo
- 1 trozo de tela blanca nueva
- 7 ramitas de perejil
- Agua Bendita

Método:

Confeccione una bolsita con la tela blanca.

En su interior ponga las siete ramitas de perejil y la cabeza de ajo pelado. Debe ser bendecido con agua bendita mientras se reza un Padre Nuestros y un Ave María, y se pide: Gracias por liberarme de toda la envidia y mal. Gracias por contribuir a mis realizaciones y deseos personales; con la fuerza de esta agua bendita y éste amuleto que preparo. Me protegerás como a un hijo de todo mal, proporcionándome bienestar, salud y prosperidad.

Hechizo para favorecer la suerte en los negocios

Ingredientes:

- 1 rosa de Jericó
- Esencia de lavanda amarilla
- Lavanda verde
- Champaña
- Muselina
- Ámbar
- 1 piedra ojo de tigre
- Imán macho y hembra.
- 1 envase de cristal.

Método

En un envase de vidrio o cristal; mezclar las esencias con agua. Luego ubicar la rosa de Jericó, cubrirla con más agua si es necesario y encima de la rosa ubique las piedras. Récela con una vela de color verde e incienso de pachulí, ofreciéndola al espíritu de la productividad y desarrollo en los negocios. Puede regar el negocio con ésta agua que se magnetizará, o mantenerla como un bello adorno magnético. Acuérdese de cambiar el agua cuando lo considere necesario. Siempre debe emanar aroma de fortuna.

Baño para atracción en los Negocios

Ingredientes:

- 3 Girasoles
- Miel de abeja
- Canela
- Esencias de Atracción
- Imán
- Pega Pega
- Amor, Triunfo.
- Incienso de canela

Método:

En un envase estrujar los Girasoles y agregarle las esencias. Este baño lo puede ofrecer dando gracias por el desarrollo de lo anhelado a Oshún o a las Potencias Indias.

Darse 3 baños seguidos. Prenda Incienso de Canela

Baño para conseguir trabajo

Ingredientes:

- Hierbabuena
- Jabón azul
- ¼ taza de leche
- 1 copa pequeña de anís.
- 1 vela blanca

Método:

Dejar la hierbabuena serenarse durante la noche.

Al día siguiente en una pequeña cantidad de agua se macera. Luego se cuela y al resultado le agrega la leche y el anís. Aplicárselo después del baño con jabón azul y no secarse. Ahora está listo para salir a conseguir su empleo. Luego dé gracias con una vela Blanca a Santa Clara por guiarlo a lo deseado.

Baño para conseguir empleo

Ingredientes:

- Esencias de abre caminos
- Mejorana
- Éxito
- Suerte rápida
- Canela.
- Pétalos de Rosa Amarillos
- Velas amarillas

Método:

Prepare el baño para tres días consecutivos.

Mézclelo con agua con pétalos de tres rosas de color amarillo. Ofrézcalo al espíritu de la Luz y de los Caminos con la seguridad de que lo guiará hacia donde anhela.

Confianza y dé gracias por su empleo recibido.

Ofrenda velas amarillas y ora de corazón.

Para que nunca te falte dinero en la billetera

Ingredientes:

- 1 Bolsita amarilla pequeña
- 1 Moneda dorada
- 1 Imán
- 3 Clavos de olor
- 1 pizca de azafrán
- 5 Granos de arroz

Método

En una bolsita pequeña de color amarillo colocar lo siguiente:1 moneda dorada,1 trocito de iman,3 clavos de olor,1 pizca de azafran,5 granos de arroz. Llevar siempre encima, apretando con la mano la bolsita de vez en cuando.

MAGIAS PARA LA SALUD

Receta para una salud perfecta

Ingredientes:

- 1 Cinta de color Amarillo
- 1 Cinta de color Azul
- 1 Cinta de color Blanco
- 1 Vela Blanca

Método

Teja un cinturón con cintas de colores: Amarillo, azul y blanco, amárresela en la cintura de noche al acostarse y entréguese a las Potestades Facultativas que lo guiaran a las Fuentes Atmosféricas libres de obstáculos.

Enciendan una vela de color blanco en la mañana al levantarse y den gracias por la armonía y salud perfecta.

Receta para una buena salud

Ingredientes:

- 1 Vaso de agua
- 1 Bolígrafo
- 1 Papel
- 3 Piedras de cuarzo
- 1 Vela blanca

Método:

Ofrezca un vaso de agua a los Médicos invisibles de la Corte Blanca en la noche antes de acostarse, tómeselo en la mañana al levantarse, y dé gracias por su salud perfecta.

Escriba sobre un papel blanco lo que desea mejorar en su cuerpo y su mente. Ubíquelo en una pequeña bandeja y sobre el papel escrito ponga tres piedrecitas de cuarzo.

Luego, estas piedras las colocará en forma de pirámide con una vela blanca en el centro.

Medite y déjese curar. Ore y dé gracias.

Esto se puede hacer indefinidamente hasta que se sienta bien.

Ritual Para La Salud

Ingredientes:

- Inciensos de varillas en aromas de Loto, Mirra, Jazmín, Pino y Geranio.
- Aceites de Mandrágora
- Aceite de Ruda
- Aceite de Muérdago.
- 1 recipiente de barro
- 1 Imagen de San Pancracio

Método:

Con las diferentes varillas (aromas), formaremos una estrella. Cada uno de los palitos debe quemar independientemente. En medio de la estrella, colocaremos un recipiente de barro cocido en el que depositaremos un chorrito de aceite de Mandrágora, otro de aceite de Ruda y otro de aceite de Muérdago. Dentro de esta mezcla oleosa, colocaremos una pequeña imagen de San Pancracio. Las cenizas del incienso ya quemado y que recogeremos cuidadosamente con una cucharita, las iremos echando poco a poco sobre la mezcla líquida, mientras decimos tres veces: "Glorioso San Pancracio, te pido humildemente, que intercedas por mi salud presente y futura, ante el buen señor, que nos llena de ventura". Esto se debe hacer durante 5 días seguidos, empezando un lunes por la noche.

Baño para la salud

Ingredientes:

- 1 Lirio blanco
- Perfume
- Incienso de Sándalo
- 1 Vela Rosada

Método:

Compre un lirio blanco, si tiene bañera ubíquenlo en el agua. Déjelo flotar pensando que en unión a la esencia o perfume que tenga, estará formando una trilogía de Poder y Magnetismo. Entre en el agua y piense que te está cargando de vibraciones positivas, medita, ora, utilice su fuerza de voluntad y pida lo que desea. Utilice incienso de sándalo y una luminaria rosada. En la ducha puede hacer lo mismo en un recipiente, deshojando el lirio y que su cuerpo reciba toda esta energía magnética. Es importante hacer esto en momentos de mucha armonía, para que dé buenos resultados.

Hechizo para adelgazar:

Ingredientes:

- 1 Alfiler
- 1 papel de color blanco
- 1 cucharada de azúcar
- 1 vaso de cristal
- Orina

Método

Para que este hechizo funcione debes de pincharte el dedo con un alfiler y en un papel de color blanco echar 3 gotas de tu sangre y echa una cucharada de azúcar después cierras el papel envolviendo la sangre con el azúcar después mete este papel en un vaso de vidrio en preferencia nuevo y sin dibujos, llenas el vaso hasta el medio de orina y al otro día lo plantas en tu jardín.

GEMAS QUE CURAN

Si está decidido a beneficiarse con las energías sanadoras de piedras y cristales, es necesario que conozca sobre qué áreas de la salud actúa cada una. Poder sanador: Ayuda a superar adicciones como el alcoholismo, el tabaquismo o el consumo de drogas.

Ágata:

Poder sanador: Otorga fuerza, coraje y protege contra la negatividad. Es también una fuente de longevidad. Restituye la energía del cuerpo y brinda alivio psíquico en situaciones difíciles. Es una piedra que mejora la salud de las plantas, aumenta su fertilidad y asegura una cosecha abundante. Una variante de esta piedra -el Ágata Verde- se utiliza para mejorar la salud de los ojos.

¿Cómo usarla? Lo ideal es que esté en contacto con el cuerpo. Si la ata a su brazo, sentirá corrientes repentinas de energía y vitalidad. También está indicado este uso para trabajar en el jardín. La fuerza del ágata se comunicará a las plantas, a través de usted. Si tiene dolencias oculares, consiga un ágata verde y apóyela en sus párpados cerrados, por lo menos cinco minutos en cada ojo.

Calcedonia:

Poder sanador: Además de ser un amuleto de buena suerte, que protege a quien la lleva en viajes o situaciones de peligro, esta piedra refracta ataques psíquicos y otorga fuerza a quien la utiliza. Beneficia sobre todo a las madres que amamantan a sus hijos, ya que aumenta la lactancia. Estimula sentimientos tranquilos y pacíficos. Previene enfermedades nerviosas.

¿Cómo usarla? Para las madres que dan de mamar, lo ideal es colocar una pequeña calcedonia en el corpiño. Si usted desea fortalecer y curar sus nervios, coloque una piedra de calcita sobre su frente al irse a dormir y quédese inmóvil durante unos minutos. Cuando se sienta relajado, coloque la piedra debajo de su almohada. Tendrá un sueño reparador y curativo.

Ámbar:

Poder sanador: Esta resina fosilizada es sumamente poderosa. Otorga fuerza, belleza, amor, suerte y mejora el estado general de la salud. Su fuerte es, sobre todo, la protección contra cualquier tipo de negatividad. Es un potente amuleto contra la magia negativa y especialmente positivo para proteger a los niños.

¿Cómo usarla? Tener un collar con cuentas de ámbar le asegura una fuente de protección. Si siente que está siendo sometido a una pesada negatividad, encienda una vela blanca y colóquela en el suelo. Siéntese delante de ella con un puñado de pequeñas cuentas de ámbar y con ellas forme un círculo a su alrededor. Siéntese dentro del círculo mientras recupera su energía. Repítalo cuando sea necesario.

Calcita Azul:

Poder sanador: La calcita es un cristal que se encuentra en gran cantidad de colores. La azul, de energía receptiva, es la variedad que influye sobre la salud. Alivia jaquecas y tensiones musculares. Es calmante y analgésica. También contribuye a regular el funcionamiento del aparato digestivo.

¿Cómo usarla? Para potenciar su poder curativo, arme un altar casero con tres velas azules. En una mesa pequeña, disponga las velas formando un triángulo. En el centro de la figura, coloque la calcita azul. Encienda las velas. Permanezca por lo menos diez minutos contemplando la piedra. Si lo desea, tome contacto con el mineral, sosteniéndolo en sus manos o apoyándolo sobre su frente. Deje que las velas ardan hasta consumirse. A continuación, utilice la piedra como un colgante, para que esté en contacto con su cuerpo.

Aguamarina:

Poder sanador: Esta piedra es purificadora. Alivia situaciones de estrés y de angustia. Es también una fuente de psiquismo, por lo tanto, se utiliza para reducir el dominio de la mente psíquica, lo que permite que afloren capacidades como la intuición y la clarividencia.

¿Cómo usarla? Se puede utilizar como un collar, para potenciar las facultades psíquicas. Otro modo de uso que permite aprovechar al máximo las propiedades de esta piedra es a través de las manos. Medite sosteniendo en su puño izquierdo una piedra de aguamarina. Deje que la energía de este mineral invada lentamente su cuerpo y sus pensamientos. Al cabo de pocos minutos, su mente estará más lúcida y alerta que nunca.

Azabache:

Poder sanador Es una piedra de intenso poder. Su particularidad es que es receptiva, por lo tanto absorbe energías, especialmente las negativas. Eso la convierte en una gema protectora. Además, fortalece la conciencia psíquica y ahuyenta los temores profundos que bloquean la acción.

¿Cómo usarla? Puede utilizarla como amuleto protector para el hogar, colocándola en un lugar destacado de su casa. Si lo que desea es aumentar su fuerza personal, coloque pequeñas raspaduras de azabache en una botella de vidrio claro y llene el recipiente con agua. Deje que el preparado se asiente al sol durante varias horas hasta que el agua se haya calentado. Cuele el azabache y beba unos sorbos de líquido.

Amatista:

Es armonizadora. Restablece el equilibrio entre el cuerpo y la mente. Produce sueños curativos y ayuda a vencer el insomnio. Calma los miedos.

¿Cómo usarla? Si desea superar sus problemas para conciliar el sueño, coloque una piedra de amatista debajo de su cama o almohada. En el caso de tratar adicciones, lo ideal es que la piedra este en contacto con su cuerpo. Utilícela como un anillo o un colgante

PARA JUICIOS Y PROBLEMAS LEGALES

<u>Para Casos Complicados</u>:

Cuando la Luna esté en el signo astrológico de Libra o Sagitario, preparar un té mágico con raíz de la planta del mal de amores (lovage, levisticum officinale, planta originaria de la Galia cisalpina de la familia del perejil).

Ya frío el té, sellarlo dentro de una jarra de vidrio con tapa (un envase de mermelada), bendígalo en el nombre divino de la Diosa y almacénelo dentro del refrigerador hasta la noche anterior a su presencia en el tribunal.

Cuando haya llegado el momento, encienda una vela negra y añada el té de lovage a su agua de bañera. Mientras se baña en ella y se visualiza ganando el caso ante el tribunal, su cuerpo y su espíritu absorberán las vibraciones benéficas ocultas.

Después de terminar el baño de tina, colocar debajo de su almohada la carta Justicia del mazo de Tarot. Métase en la cama y recite la siguiente rima mágica una y otra vez (en silencio o en voz alta) hasta que se duerma:

"Balanza de la justicia, recuerda y tiembla;
haz que el juez en mi favor decida".

Bolsa de Amuletos para ganar juicios y pleitos:

Ingredientes:

- Jengibre
- 1 bolsita verde
- Dientes de tiburón
- 1 Turquesa
- 1 símbolo sagrado pagano del pentagrama

Método:

Quemar pedazos secos de raíz de jengibre (géneros Alpinia y Cyperus), a medianoche, durante dos semanas seguidas antes de ir al tribunal.

La noche anterior a la presentación ante el tribunal, colocar todas las cenizas en el interior de una bolsa de amuletos de color verde, junto con algunos dientes de tiburón y un pedazo de turquesa en la que se escribió el nombre y la fecha de nacimiento completa del litigante que desea ganar el caso, así como el símbolo sagrado pagano del pentagrama.

Sellar la bolsa de amuletos, consagrarla y cargarla. Llevarla consigo al tribunal para ganarse una decisión favorable del juez.

PARA LOS ENEMIGOS

Para detener un enemigo en su propósito de daño contra suya:

Ingredientes:

- Corteza de Olmo
- Tela negra

Método:

Escribir el nombre y la fecha de nacimiento completos de su enemigo chismoso en un pedazo de corteza fresca de olmo.

Envolverlo en un trozo de tela negra y decir:
(Nombre del enemigo) quédate callado ahora, que tu lengua amarga se quiebre.

(Nombre del enemigo) quédate callado ahora, que no se hablen palabras dañinas.

¡Que así sea!

Enterrar el pedazo de corteza cubierto con la tela negra en el bosque o en un cementerio durante la noche, mientras una pálida luz de la Luna ilumine todo y visualice a su enemigo incapaz de hablar siempre que intente hacer correr rumores malignos acerca de usted.

Para que un enemigo se aleje:

Ingredientes:

- Pergamino blanco
- Bolígrafo
- 1 foto de la persona

Método:

Cuando la Luna esté en una fase decreciente, escribir en un pergamino blanco el nombre completo de la persona que desea alejar de sí, junto con su fecha de nacimiento completa (si la conoce).

Hacer el pergamino blanco un rollo junto con una fotografía del enemigo (si la tiene a mano), colocar todo dentro de una botella de vinagre y, entonces, tirarla dentro de agua corriente (un río, un mar, etc.), al tiempo que visualiza a su enemigo que se aleja y nunca más le cause daño. Este es un hechizo ideal para utilizarse cuando todo lo demás parece haber fracasado.

Convertir un enemigo en amigo:

Fase: Luna llena

Ingredientes:

- 1 foto de la persona
- 1 Incienso de Jazmín, naranja o violetas
- 1 Caja pequeña
- 1 Piedra de Berilio
- Verbena

Método

Con la fotografía de su enemigo, pasarla a través del humo ascendente de incienso de jazmín, de naranja o de violetas. Mientras lo hace, recitar tres veces la siguiente encantación: "Enemigo, enemigo, vuélvete amigo, que toda maldad ahora llegue a su fin".

(Si se carece de una fotografía del enemigo, se puede utilizar un pedazo cuadrado de pergamino azul en el que se escriba el nombre completo y la fecha de nacimiento, si se conocen).
Luego de recitar la oración por tercera vez, tomar la fotografía o el pergamino azul y colocarlo dentro de una caja pequeña, junto con una piedra de berilio. Llenar la caja con verbena y cubrirla con una tapa y luego almacenarla en un lugar donde no se toque.

Para obtener los mejores resultados, realizar este hechizo cuando la Luna esté llena.

MAL DE OJO

Para quitar el mal de ojo en una persona

Ingredientes:

- 7 claveles blancos
- Sal gruesa
- Canela en polvo
- Perfume
- Ramitas Valeriana
- 1 Toalla blanca.
- 1 Pañuelo de papel blanco

Método:

En la bañera hay que echar siete claveles blancos desojados, un puñado de sal gruesa, un poquito de canela en polvo, un chorrito de perfume, y unas ramitas de valeriana.

En ese agua se mete y se reza un padre nuestro invocando al espíritu santo que te limpie de todo mal.
Cuando se sale de ese baño se seca con una toalla blanca.

Los pétalos que quedan después de abrir la bañera se cogen y se envuelven en un pañuelo de papel blanco y se tiran por el servicio

Para quitar el mal de ojo en el hogar

Ingredientes:

- 1 cacerola con dos agarraderas
- 7 hojas de laurel
- 7 hojas de olivo
- 7 granos de arroz
- 7 granos de sal gruesa
- Verbena
- Alcohol
- 1 fosforo

Método:

Debe realizarlo el jefe de familia.

En una cacerola de cocina con dos agarraderas, hay que poner siete hojas de laurel, siete de olivo, siete granos de arroz, siete granos de sal gorda y una pizquita de verbena.
Se cubre todo con alcohol y se prende fuego con un fósforo,

Cuando se haya convertido en cenizas, se echa en un sitio donde corra el agua por ejemplo, en el servicio y con el agua que caiga en el servicio se mete la cazuela dentro y que el agua entre y que salga a plenitud.

Luego se tira otra vez de la cadena y se tira todo, se vuelve a tirar de la cadena.

Para saber si tiene mal de ojo

Día: Viernes

Ingredientes:

- 1 recipiente de boca ancha
- 1 vela blanca
- 1 recipiente con aceite de oliva

Método

En un recipiente se coloca agua limpia. Al lado, una vela blanca encendida y un recipiente con aceite de olive.

Unte el dedo índice de la mano izquierda con el aceite y deje caer tres gotas de aceite en el recipiente de agua.
Observe, si al caer, las gotas quedan enteras o se desparraman.

Si las gotas quedan enteras y no se desparraman, no hay mal de ojo, pero si al caer se desparraman en el agua y se forman círculos, entonces sí hay mal de ojo.

ADIVINACION

Para los viajes

Ingredientes:

- 3 cucharas pequeñas

Método

Se cogen tres cucharillas pequeñas y se cogen una encima de otra por el rabo y se tiran hacia arriba y que caigan sobre el suelo.

Si caen dos cucharillas paralelas, el viaje está asegurado.

Si quedan las tres paralelas ese viaje va a ser muy provechoso y se lo pasará muy bien.

Si el rabo de dos cucharillas queda cada uno mirando para un lado a lo largo de ese viaje trae una desilusión o un pequeño disgusto.

Si las cavidades quedan dos apuntando al mismo sitio, habrá un problema en el último momento que va a impedir que se realice ese viaje.

Las tres cucharillas quedan apuntando hacia el mismo sitio, habrá pequeños problemillas pero el viaje se hace.

Si dos cucharillas quedan rozándose quiere decir que es conveniente que ese viaje no se haga.

Si dos de ellas forman una L quiere decir que algo surge que el viaje no se lleva a cabo.

La visualización mental

La visualización mental sirve para todo tipo de brujerías.
En los casos del amor y del sexo, la visualización simplemente se enfoca hacia estos campos.

Método

Hay que hacer un gran esfuerzo de imaginación, porque la visualización es un ejercicio mental.

Hay que imaginarse primero una pantalla.
Una vez que la tengamos en la mente debemos organizar
sobre ella la historia que deseamos vivir, es decir, hay que
imaginar, de la forma más realista posible, que en la pantalla
aparecemos al lado de la persona amada, en la situación que
que deseemos: amor, sexo, amistad o simple compañía.

Mientras más realista sea nuestra imaginación tenemos más
posibilidades de que nuestras intenciones se conviertan en
realidad.

AMULETOS Y TALISMANES

El ancla:

Se utilizaba en forma de broche o prendedor como emblema de arraigo, apego o dedicación a algo en particular o a alguien: se lo asociaba con los signos zodiacales de Cáncer y Capricornio y se solía diseñar en piedras pesadas, en ocasiones como el Peridoto y el Jade, en amarillas o naranjas, como el Ojo de tigre o el Ópalo dorado.

El gato:

De origen egipcio, cuyos sacerdotes veneraban ya que estaba consagrado al dios Anubis y constituía un amuleto de buena suerte, especialmente para cuando uno realizaba algún viaje. Se lo tallaba en piedras negras como el cuarzo ahumado, coral negro, azabache u obsidiana. Se lo utilizaba como colgante o pendiente y sus signos era Capricornio y Piscis.

El escarabajo:

También de origen egipcio, cuyo pueblo lo denominaba Ra Men Kepher, que significa." Ra Creador del Universo", se utilizaba para mantener alejada a las desgracias y las enfermedades. Se lo relacionaba con el signo de Géminis y se lo confeccionaba en Lapislázuli, azurita o sugilita, como piedra engarzada en anillos o brazaletes.

Arañas y escorpiones:

Se llevaba como protección contra las picaduras o mordeduras de insectos y serpientes venenosas. Se confeccionaba generalmente en malaquita o turmalina verde, como colgante o anillo. Se lo asociaba a los signos de Virgo y Escorpio.

Puntas de flecha:

Por lo general se utilizan puntas de flecha que son auténticas, hechas en pedernal u obsidiana, se utilizan como colgantes o binchas para evitar el mal de ojo, la envidia y las malas intenciones ajenas. Es muy común encontrarlas aquí en Argentina en las provincias de Córdoba y Mendoza, pertenecen a los descendientes de poblaciones indígenas que siguen utilizándolas en la actualidad como amuletos.

Lábaros o hachas de doble hoja:

Tenían un significado similar a las puntas de flecha, pero se asociaban con los signos de Libra y Aries y se confeccionaban en granate o kuncita en forma de pulseras o colgantes.

La cornupia o cuerno de la abundancia:

Simbolizaba a la fecundidad y la fertilidad, y se lo tallaba en piedras preciosas de color rojo, como el rubí, el coral rojo o el ópalo de fuego. Se utilizaba en las casas, sobre los hogares o alacenas o como cinturones en mujeres que deseaban quedar embarazadas. Favorecía especialmente a los del signo de Virgo y Sagitario.

El pez:

Probablemente haya tenido su origen en la multiplicación de peces y panes que se menciona en la Biblia, ya que simboliza el acrecentamiento de la riqueza y los bienes materiales. Se confeccionaba en oro o madre perla y se lo llevaba como pendiente o sello en un anillo. Favorecía al del signo de Piscis.

La llave:

Un formato tomado de los frisos griegos, para quienes simbolizaba el conocimiento y la sabiduría. En algunas ocasiones se lo grababa como tres llaves unidas, asegurando a quien lo llevaba amor, riquezas y salud, ya que se asegura que abría las puertas a estas tres posesiones.

Los alquimistas decían que este amuleto era apropiado para los signos de Tauro y Acuario por lo que lo confeccionaban en lapislázuli, malaquita o jade verde y lo recomendaban para los que padecían reumatismo, artrosis, artritis y ciática.

La lechuza:

Aunque desde hace mucho tiempo se consideraba a este animal como un animal sabio y equilibrado, fueron los griegos quienes utilizaron primero su imagen tallada en amatista o azurita, como una forma de asegurarse la sabiduría y el conocimiento. Se lo recomendaba para los nativos de Virgo y Capricornio.

El trébol de cuatro hojas:

Es un talismán de origen celta, cada una de cuyas hojas tenía un significado distinto: la primera de ellas, abajo y a la izquierda del tallo atrae la fama y la celebridad; la siguiente en el sentido de las agujas del reloj (arriba izquierda), ayudaba a obtener riquezas, la tercera (arriba derecha) mantiene la fidelidad de la pareja, y la cuarta (abajo derecha) asegura felicidad y salud. Se confeccionaba en turmalina verde o esmeralda, en forma de pendiente o prendedor y se indicaba para los nativos de Cáncer y Piscis.

La herradura:

Un símbolo universalmente conocido para la suerte y la fortuna, pero contrariamente a la creencia popular, que sostiene que los agujeros de los clavos deben ser siete y estar colocados hacia arriba, en realidad la herradura debe ubicarse de forma que la abertura mire hacia la izquierda, esta imposición se debe a que su simbología está tomada de la orientación de la luna creciente, que es la fase en que está ganando fuerza y poder y por lo tanto atrae fortuna, salud, fama, mientras que en la fase opuesta, cuarto menguante, con los cuernos hacia la derecha, las rechaza. De no utilizarse una herradura real conviene tallarla en amatista, zafiro o selenita ya que está asociada con el signo de Sagitario y su planeta regente; Júpiter.

La rana:

Se lo consideraba un amuleto protector de las cosechas y solía tallarse en piedras moradas u oscuras, como el cuarzo ahumado o el carbúnculo para enterrarlos en los campos sembrados, como un medio de atraer las lluvias y alejar las plagas de langostas y los grandes calores estivales.

La cruz gamada:

A pesar de que muchas personas la consideran de origen reciente, el uso de esta cruz como símbolo mágico se remonta a las primeras dinastías chinas y los antiguos chamanes hindúes, y según algunos autores se remonta mucho antes su uso, ya en el periodo neolítico donde aparece grabada en algunos instrumentos de piedras tallados por los antecesores del hombre cuando aún no había llegado a su etapa de Homo Sapiens. Desde tiempos inmemorables esta cruz gamada ha aparecido en un sin fin de templos, construcciones tumbas y mausoleos de todas las culturas e incluso se la utiliza hoy en sectas y religiones como signo para atraer la buena suerte. En sánscrito, se denomina "la proveedora de la buena fortuna" y en algunas lenguas sajonas antiguas se la definía como "la rueda de la ley" refiriéndose a la ley de periodicidad por la cual rigen las repeticiones cíclicas de la historia, respondiendo a la conexión de causa-efecto. Según algunas escuelas esotéricas, la cruz gamada constituye la representación gráfica del hecho de que cosechamos lo que sembramos y que las circunstancias y vidas presentes son solo consecuencias de causas y vidas pasadas. Para estas escuelas la cruz esvástica involucra la idea de evolución e involución del alma humana signada por actos, experiencias y comportamientos cíclicos del pasado. Existen dos versiones de cruces gamadas; una es la que se encuentra en monumentos antiguos, en escudos de armas y en las campanas de algunas viejas iglesias inglesas e irlandesas, los ejes se encuentran en posición vertical y horizontal, y el extremo del brazo superior de la cruz se orienta hacia la derecha. Esta versión se la conoce como "cruz esvástica masculina o dextrógira", y fue la que adopto Alemania en el periodo hitleriano, aunque sus ejes centrales están inclinados a 45° con respecto a los modelos más antiguos. La otra versión, en donde el extremo superior del brazo se dirige hacia la izquierda, se la denomina "esvástica femenina o levógira" y es la que se menciona en algunos rituales de magia negra y en la mayoría de los hechizos celtas y druidas.

Tau o tao:

Constituye un símbolo universal que varía de acuerdo a regiones geográficas, religiones y propósitos para los que ha sido utilizado. La forma es una línea vertical cruzada por una línea horizontal a aproximadamente un tercio de su extremo superior, formando una letra "T" mayúscula, con el paso del tiempo, cada uno de los brazos horizontales y el vertical superior fueron cortados por una línea cada uno que lo transforma a su vez en otra cruz muy similar que se denomino "Triple Tau" y dio origen al emblema de los Rosacruces. Según algunos autores, el símbolo Tau proviene del Ank (poner hipervínculo a este símbolo) de los egipcios término que indica la conjunción de la primera persona en singular del verbo "ser" y significa "Yo soy", utilizado en el sentido de la vida. Ankh era a su vez el termino con que se denominaba uno de los cetros cruzados sobre el pecho de las imágenes de Osiris, con la cual el dios otorgaba vida y regia las crecientes del Río Nilo. Adoptado y adaptado por los filósofos griegos, fervorosos admiradores de la cultura egipcia, Ankh se transformo en la letra griega Tau, pasando luego a Roma y Occidente, donde se utilizo en las ropas de los reyes y eclesiásticos de las bocas posteriores, como símbolo de poder. El símbolo Tau utilizado por San Antonio, el ermitaño copto célebre por sus curaciones, para curar una enfermedad ulcerosa de la piel que luego le pondrían como nombre "fuego de San Antonio". Con los mismos propósitos curativos fue utilizado por los sacerdotes judíos, con lo cual su fama se extendió enormemente, llegando a conocerse en el mundo como "Cruz de San Antonio".

"El ojo de Horus":

Como símbolo cabalístico grabado en un talismán, el ojo representa el sol y simboliza la Suprema Inteligencia, "al Ojo de la deidad que todo lo ve". Primero fue representado en forma de círculo con un punto central, pero luego evoluciono hasta tomar la forma de un ojo abierto y axial se utilizo como talismán para protegerse de los encantamientos malignos, ataques arteros, traiciones, mal de ojo, y enfermedades de todo tipo.

Pentáculo celta:

Son estrellas de 5 puntas inscriptas en un pentágono. Constituye el símbolo del Hombre y encierran en su interior todo lo que desea para él o los males del cual se quiere proteger. Un Pentáculo encerrado en un círculo constituye uno de los símbolos más poderosos ya que simboliza al hombre protegido por una burbuja impenetrable que ningún daño puede atravesar. El Pentáculo del rabí Salomón y los siete sellos (talismanes que se llevaban en forma de anillos) que lo complementaban, tenían inscriptos los nombres de los siete Ángeles que rigen cada día de la semana: Gabriel, Camael, Rafael; Saquiel, Anael, Caffiel Y Miguel

DIAS MAGICOS DE LA SEMANA

La magia se debe practicar en la fase lunar correspondiente. Además de la Luna, también se debería tomar en cuenta los días de la semana. Cada día tiene un respectivo color, planeta y correspondencia mágica. No es obligatorio practicar sus hechizos en estos días pero es muy recomendable

DOMINGO

Planeta: Sol (el Sol es una estrella pero vamos a ubicarlo como un planeta porque él gobierna este día
Colores: amarillo, oro y anaranjado
Tipo de actividades: salud, carreras, ambición, diversión, drama, ley, promociones, triunfo, metas, financiamientos personales, el Dios, misterios del hombre, niños o hijos, comprar, especulaciones, ventas.

LUNES

Planeta: Luna (la Luna es un satélite pero la pondremos como un planeta ya que ella gobierna este día)
Colores: blanco, plata y gris
Tipo de actividades: psicología, sueños, proyección astral, imaginación, misterios de las mujeres, reencarnación, viajes cortos, mujeres, hijos o niños, el público, preocupaciones, emociones, fluidos, magia, espiritualidad, todas las cosas pertenecientes al agua y cuerpos de agua, planeación de viajes, iniciación, Astrología, experiencias religiosas.

MARTES

Planeta: Marte
Colores: rojo, rosa y anaranjado
Tipo de actividades: pasión, coraje, acción, energía, agresión, sexo, energía física, deportes, actividad muscular, metales, armas, herramientas, cortando, cirugía, policía, soldados, combate, confrontaciones, negocios, comprando y vendiendo animales, cosas mecánicas, reparar, jardines, caza, principios.

MIÉRCOLES

Planeta: Mercurio
Colores: violeta y plata
Tipo de actividades: sabiduría, curación, comunicación, inteligencia, memoria, educación, llamadas telefónicas, computadoras, mensajes, estudiantes, mercancía, editando, escribiendo, vecinos, firmando contratos, críticas, música, artes visuales, contratando empleados, aprendiendo lenguajes, Astrología, visitando amigos.

JUEVES

Planeta: Júpiter
Colores: azul y colores metálicos
Tipo de actividades: negocios, lógica, problemas sociales, poder político, publicaciones, religión, viajes largos, filosofía, publicidad, crecimiento, suerte, deportes, expansión, caballos, ley, doctores, psicólogos, caridad, leer, estudiar, buscar.

VIERNES

Planeta: Venus
Colores: verde, rosa y blanco
Tipo de actividades: amor romántico, belleza, amistad, almas gemelas, artístico, habilidad, armonía, afecto, relaciones, compañeros, alianzas, gracia, actividad social, matrimonios, decoraciones, cosméticos, regalos, jardines, crecimiento, arquitectura, artistas, estilistas, bailarines, diseñadores, música, citas, pintando, decorando hogares, comprando y planeando fiestas.

SÁBADO

Planeta: Saturno
Colores: negro, gris y rojo
Tipo de actividades: protección, neutralización, karma, muerte, manifestación, realidad, leyes de la sociedad, límites, obstáculos, pruebas, trabajo difícil, dentistas, huesos, dientes, sacrificio, separación, justicia, matemáticas, testamentos, financiamientos, descubrimientos, transformaciones, relaciones con gente mayor

KAMASUTRA

LA CARRETILLA

Al borde de la cama y con los antebrazos apoyados, la mujer se dispone a ser "levantada" de las piernas por el hombre, quien de pie detrás de ella, la penetra sosteniéndola de los muslos. El estímulo y el placer se concentran en los genitales de ambos, pero es el hombre quien lleva el ritmo atrayendo el cuerpo de ella hacia el suyo. La variedad de movimientos y sensaciones que permite la postura es asombrosa: circulares, ascendentes y descendentes, con las piernas de ella más cerradas o bien abiertas...

LA HAMACA

El hombre está sentado (preferentemente en una superficie dura, no la cama), con las piernas flexionadas y se toma la parte posterior de sus rodillas. De esta manera, recibe a la mujer que se hace penetrar acomodándose en el espacio que queda entre las piernas de él y su tronco. El presiona con las rodillas el cuerpo de su compañera, la atrae hacia el suyo provocando el vaivén de ambos mientras, por ejemplo, le besa los pechos que están a la altura de su rostro. Una sensación única que recuerda el tierno ir y venir de las hamacas de la infancia.

EL MOLDE

Con las piernas juntas y recogidas (para que presionen bien al pene), la mujer se tiende de costado y relaja su cabeza hacia atrás mientras él la penetra, ya sea por la vagina o por el ano (excelente posición para sexo anal) Los movimientos deben ser suaves y coordinados y la penetración lenta y profunda: ambos cuerpos se amoldan como dos piezas perfectas de un rompecabezas... "El molde" es ideal para mujeres que tienen problemas en alcanzar el orgasmo y/o gustan de causar la fricción del clítoris durante el coito: las piernas juntas logran este efecto tan plajustifo: aprovéchalo.

EL TRAPECIO

El hombre se sienta con las piernas abiertas y su compañera (ya penetrada) arriba de él. Tomándola de las muñecas, ella se va relajando hacia atrás hasta caer por completo: debe estar súper relajada y entregada a la fuerza de su compañero que la atrae a su cuerpo con sus brazos provocando la embestida necesaria para el coito. Es una postura complicada ya que requiere la liviandad de la mujer, bastante equilibrio de ambos y la fuerza y habilidad del hombre. Ideal para cambiar la rutina y probar nuevas
emociones...

EL ESPEJO DEL PLACER

Ella se acuesta de espaldas, boca arriba. Levanta sus piernas y deja que él las sostenga arrodillado al final de su cuerpo y apoyando el otro brazo en el piso. El hombre penetra, domina y posee el control. La postura permite variar el sentido de la penetración y la apertura de las Piernas. Los rostros no pueden acercarse y las manos poco pueden hacer en esta posición, lo cual genera una ansiedad sumamente excitante: ambos cuerpos corren juntos la carrera para llegar al orgasmo y reflejan en el otro los más variados gestos de placer y lujuria

LA LIBELULA

Ambos tendidos de costado, en un lugar cómodo y flexible, como la
cama. Ella de espaldas a él, los cuerpos amoldados... En un alarde de
destreza, la mujer pasa su pierna externa flexionada abriendo la puerta al
placer: el hombre la penetra haciendo palanca con la pierna de ella, que
se apoya en la cadera de él. Los secretos que el hombre puede propiciarle
a su compañera por la cercanía de su oreja son el condimento perfecto
para alcanzar el máximo de placer. La penetración llega hasta la mitad
del camino, por lo que el goce viene de la mano del deseo de que se haga
profunda y estalle en el orgasmo más excitante...

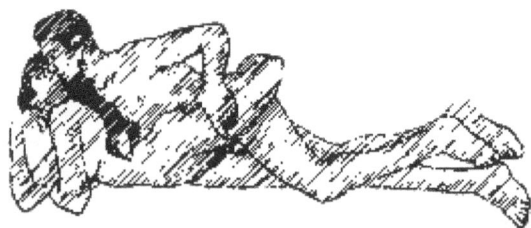

EL TORNILLO

Nada más recomendable para una mujer con dificultades para llegar al orgasmo que las posturas que presionan el clítoris mientras la vagina es penetrada. En "El tornillo" esto se cumple a rajatabla. Ella se acuesta en el borde de la cama y tiende sus piernas flexionadas a un costado de su cuerpo (cada mujer sabrá cuál de los dos lados le resulta más confortable). Esto permite mantener el clítoris atrapado entre sus mejores aliados para llegar al preciado orgasmo: los labios vaginales. La mujer puede contraer y relajar toda la zona, mientras él la penetra arrodillado frente a ella y tocando sus pechos.

LA AMAZONA

En este caso, es el hombre quien se relaja y se acuesta boca arriba, con las piernas levemente abiertas y flexionadas hacia su pecho. La erección la espera a ella, que se acomoda en cuclillas amoldándose a la postura adoptada por él. La mujer se "sienta" literalmente en el pene de su compañero. Debe hacerlo lentamente. Sus muslos impulsarán todo el movimiento que Necesita esta postura, donde la penetración se da en sentido arriba-abajo. Sólo apta para espíritus arriesgados y mentes Abiertas, "La amazona" es la mujer que cabalga a su hombre de la manera más salvaje y primitiva.

LA SALVAJE

También conocida como "perrito", esta posición es apasionada y salvaje. Ambos en cuatro patas, concentra una cantidad de ventajas que pocas posturas tienen: la comodidad del hombre para tocar el clítoris o el ano de su compañera, la variedad de movimientos que permite, la posibilidad de que la mujer tome con una mano los testículos del hombre y la facilidad para intercalar sexo anal y vaginal. Además, la posición permite al pene "atraparse" entre los glúteos, lo cual suele ser muy excitante para el hombre. En pocas palabras, el encuentro sexual que incluye esta postura suele ser salvaje y hacer furor entre sus protagonistas. Dice el Kama-Sutra: "En el ardor de la cópula, una pareja de amantes enceguece de pasión y prosigue con gran impetuosidad, sin prestar la menor atención a los excesos".

LA ALMOHADA

Recostado sobre una almohada o almohadón confortable, el hombre se sienta con las piernas flexionadas y un poco abiertas. Esta posición permite la postura que consiste en que ella se siente cómodamente en el espacio que él forma con su cuerpo. Con la ayuda de sus manos, el hombre acomoda a su compañera en su erección, controlando ambos el ritmo y la intensidad de la penetración. Las piernas de ella se apoyan suavemente en los hombros del hombre, quien tiene su cabeza atrapada y envuelta en los muslos de su compañera. El hombre puede tocar el clítoris de ella al tiempo que la sostiene de la cintura con fuerza. La Dificultad que reside en acercar los rostros y lo osado de la propuesta, convierten a "La butaca" en una postura diferente y extremadamente sensual.

LA SOMNOLIENTA:

La mujer se tiende de costado y el hombre se ubica en su espalda para penetrarla. Ella estira una pierna hacia atrás y la enrosca en la cintura de él. Ideal para hombres dotados y mujeres flexibles, "la somnolienta" cumple varios anhelos de las mentes fantasiosas: en primer lugar, que ella esté de espaldas a él, y al mismo tiempo acceda a su rostro y cuello. Además, que él tenga cómodo acceso al clítoris y los pechos de su compañera. La apertura de la pierna posterior de ella para recibir al pene y el abrazo de esa misma pierna alrededor del compañero es quizás lo más
sexy de esta postura. Anímate!

LA SORPRESA

Esta postura es para los amantes del sexo más salvaje. El hombre, de pie, toma a la mujer por detrás y la penetra tomándola de la cintura. Ella, relaja todo su cuerpo conforme la gravedad hasta apoyar sus manos en el piso. El hombre "sorprende" a la mujer por detrás y marca la cadencia del coito. Para ella, el placer se concentra en el ángulo de abertura de la vagina que, al ser limitado, Provoca una sensación de estrechez muy plajustifya para muchas mujeres. Para él, la sensación más poderosa se expande desde el glande, que entra y sale de la abertura vaginal a su antojo y acaricia el clítoris en las salidas más audaces. Además, el campo visual del hombre abarca el ano, los glúteos y la espalda, zonas altamente erógenas para muchos. La dominación que él ejerce y la relajación total de ella pueden favorecer el jugueteo del hombre con el ano de ella: introducir un dedo durante el coito es excitante.

VARIANTE DE LA MEDUSA

Si el hombre está dotado de flexibilidad y resistencia, esta posición tiene una variante muy atractiva para los amantes del balanceo durante el coito. En cuclillas, el hombre recibe a la mujer preparado para quedar realmente extasiado: sus movimientos pueden imitar los de una hamaca, yendo de atrás para adelante con los pies bien apoyados en el piso. De otra manera, él puede quedarse inmóvil y dejar que ella se mueva hasta el final.

LA PROFUNDA

Esta es una posición de penetración total, de allí su nombre. Con las piernas elevadas y abiertas, ella aguarda a que su compañero introduzca el pene en su vagina para calzar sus piernas en los hombros de él, que apoyará sus manos para regular el movimiento. A muchas mujeres puede parecerles complicada, incómoda o dolorosa la visualización de esta postura, pero vale la pena probarla porque ofrece la penetración absoluta y un contacto genital único: los testículos se posan suavemente entre los glúteos y el clítoris se encuentra presionado por la abertura de las piernas. La dificultad para besarse y la distancia de los rostros pueden ser ampliamente excitantes para ambos.

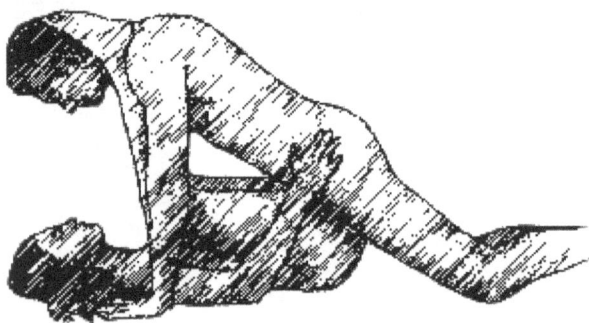

CARA A CARA:

Postura clásica y universal, pero no por eso aburrida, el cara a cara permite una infinidad de variantes para hacerla más atractiva y excitante. La movilidad de las manos, la cercanía de los rostros y la comodidad de los cuerpos son las ventajas que la hicieron famosa. No hay que temer probar nuevos tipos de contacto durante el coito: que ella toque los glúteos y el ano de su compañero, que él frote el clítoris de la mujer o que ella misma lo haga, que las piernas de ambos estén más cerradas para sentir cierta dificultad en la penetración.... Es una posición que muchos identifican con el amor y el romance, los comienzos de una pareja, la adolescencia... pero vale la pena experimentarla en todas las etapas de la vida sexual y sacarle el jugo a sus ventajas.

VARIANTE CARA A CARA

Esta postura clásica también se realiza con la mujer en la posición dominante, lo que resulta muy excitante para muchos ya que modifica sustancialmente lo tradicional en la "Cara a cara" que es el hombre sobre la mujer. De esta forma ella puede frotar su clítoris en el vientre de su compañero con más facilidad y según su antojo. Es ideal para las mujeres a las que les cuesta llegar al orgasmo y necesitan una estimulación muy directa del clítoris y los labios vaginales. Además el hombre puede tocar impunemente los glúteos de su compañera, meter sus dedos en el ano de ella y atraerla hacia su cuerpo con fuerza tomándola de las nalgas.

LA FUSIÓN:

Para esta postura, el hombre se sienta echando su cuerpo levemente hacia atrás y apoyando sus manos al costado del cuerpo. Las piernas pueden estirarse o flexionarse según la comodidad que se disponga y la cabeza puede estar relajada. La mujer, asumiendo el rol activo de la ocasión, pasa sus piernas por encima de su compañero y apoya sus brazos atrás del cuerpo. La estimulación previa debe ser intensa, ya que durante la penetración esta postura impide el acercamiento manual y el contacto de las bocas. La mujer marca el ritmo o se pacta un encuentro pene-vagina con un movimiento de ambos hacia el centro. De cualquiera de las dos formas, es esencial que el clítoris aproveche los impactos con el cuerpo de él. La mirada
tiene un Componente fundamental y la palabra puede ser una increíble arma para gozar la fusión por completo.

VARIANTE DE LA FUSIÓN:

Si el hombre se relaja y apoya todo su cuerpo y la mujer se incorpora levemente, la fusión adquiere una variante donde la penetración es más profunda. El ritmo lo sigue llevando ella y el movimiento que sale con más facilidad es el arriba-abajo que la mujer debe realizar sobre su compañero. Las manos de ella pueden tocar el pecho de él o tomar su pene como si lo masturbara para aumentar el placer de ambos.

EL SOMETIDO:

El hombre se acuesta cómodamente entregando su placer a la voluntad de su compañera. Aprovechar este juego de sometimiento masculino puede ser un estimulante total para ambos: el encuentro puede empezar con caricias y besos de ella a él, que permanece siempre en la misma posición, para terminar en la penetración profunda que permite la posición, donde ella se coloca de espaldas y controla los movimientos ayudándose de los brazos. Muy erótico para el hombre resulta que ella asome su rostro por sobre su hombro. Además, el hombre tiene un fácil acceso al ano y los glúteos de su compañera, quien puede disminuir la velocidad de los movimientos para disfrutar del estímulo anal o de que su pareja toque sus pechos.

VARIANTE DEL SOMETIDO:

Otra forma de probar esta postura es que la mujer extienda su cuerpo hacia atrás, apoye sus brazos en los de su compañero y extienda sus piernas hacia adelante. De esta manera, el hombre podrá llegar a sus pechos con facilidad y la mujer podrá apoyar sus glúteos en el vientre de su compañero y realizar movimientos circulares. El pene no puede penetrar tanto en la vagina, lo cual puede ser sumamente excitante para ambos.

EL ABRAZO TOTAL:

La pareja está de pie, desnuda y enfrentada. Ella trepa a su compañero por los hombros y abraza su cuerpo con las piernas. El toma a la mujer de los glúteos y la atrae a su cuerpo para penetrarla. El abrazo total es parte de un sexo pasional y creativo, donde el contacto corporal es muy completo. El ritmo del coito puede ser de dos maneras: de arriba hacia abajo o de atrás para adelante, dependiendo de la intensidad de placer que ambos experimenten con cada opción.

LAS ASPAS DE MOLINO:

Boca arriba, la mujer se tiende con las piernas abiertas a recibir a su compañero que, en esta posición, la penetra de
frente a las piernas de ella. La diferencia de sensaciones es notable en este tipo de penetración: el clítoris y los labios vaginales están en pleno contacto con la pelvis y los alrededores del pene del compañero y la penetración más accesible es a través de movimientos circulares. El hecho de no poder verse cara a cara le da un encanto especial a la postura. La novedad de las caricias sorprende gratamente: la mujer puede acariciar las nalgas de su compañero, clavar suavemente sus uñas en la parte posterior a las rodillas, asir los testículos de su compañero. El hombre; chupar los pies de ella, morder sus dedos, acercar su mano a los genitales de ambos que se están fundiendo y tomar su pene para penetrarla mejor.

EL ARCO:

Variante del "Cara a cara", el arco es una posición que, a través de una pequeña variante, modifica las sensaciones al
extremo. La mujer permanece acostada boca arriba con las piernas abiertas y flexionadas, apoyando sus brazos detrás de los hombros. Cuando su compañero esté listo para penetrarla, eleva sus caderas y se posa sobre las piernas flexionadas del compañero. El placer que ella recibe se centra en la penetración profunda y en la particularidad de sentir toda la zona vaginal y abdominal envuelta de la piel del hombre. El cansancio que se experimenta al mantener la posición se ve recompensado con la potencia del orgasmo que puede provocar.

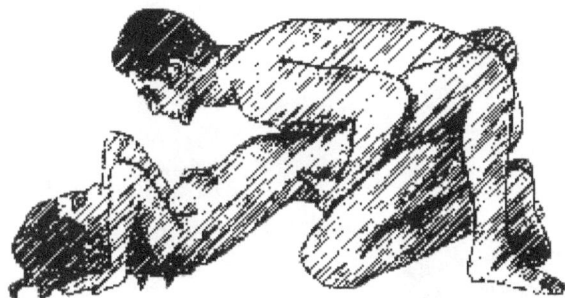

LA CATAPULTA:

Elevar las caderas, en el caso de las mujeres, es una valiosa fuente de placer, ya que pone en contacto con el cuerpo del hombre áreas de su cuerpo que, en posiciones más tradicionales, no se tocan. En este caso, el hombre se arrodilla y recibe la vagina de su compañera dejando que ella apoye los glúteos en sus muslos. La mujer puede extender sus piernas en el torso del varón o flexionarlas apoyando las plantas de los pies en su pecho. El hombre tiene fácil llegada al clítoris, por lo que puede estimular la zona con las manos y mirar la vagina en primer plano. El ritmo lo marcan juntos, acorde al deseo de ambos y a la flexibilidad de la mujer.

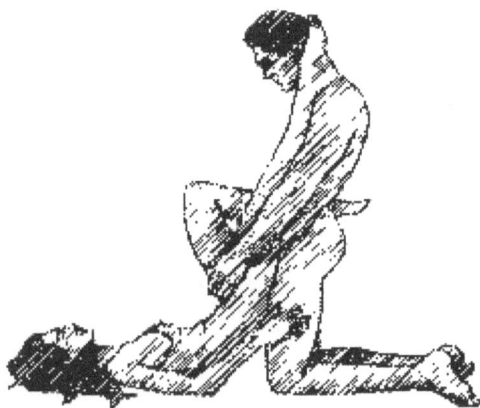

LA DOMA:

El hombre cómodamente sentado recibe a su compañera que se encaja a su cuerpo sentándose también sobre la erección de él. La mujer puede hacerse desear tomando el pene con la mano y posándolo sobre su vagina haciendo movimientos suaves sobre ella, pero sin introducirlo. El hombre puede imponer su voluntad presionando a la mujer hacia su miembro lentamente, mirándola a los ojos. La pasión del abrazo, los juegos de lengua y las espaldas de ambos al alcance de la mano para causar escalofríos en el otro son algunas de sus bondades. La doma puede ser un camino hacia un orgasmo intenso e inolvidable.

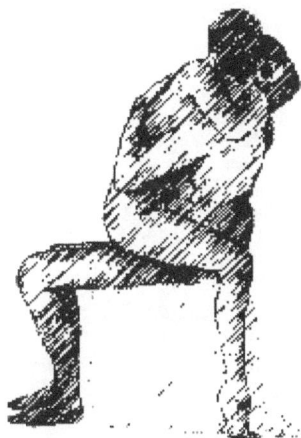

VARIANTE DE LA DOMA:

La mujer también puede "domar" a su potro colocándose de espaldas a él y marcando el ritmo apoyando sus pies en el piso. El, a su vez, puede tocar sus pechos, besar su cuello y tirar del cabello de su compañera mientras ella se mueve. El ángulo de visión que ofrece esta variante es uno de los más excitantes para el hombre, ya que permite ver en primer plano cada embestida que realiza su compañera.

LA ACROBATICA:

No apta para cuerpos entumecidos, esta posición puede parecer incómoda, pero si la flexibilidad lo permite puede resultar muy excitante. El se acuesta relajado y erecto. Ella se coloca de espaldas a él, se hace penetrar, flexiona sus rodillas y se inclina hacia atrás, lentamente para que el pene no se salga de la vagina. Para activar el movimiento necesario para el coito, ella debe levantar su vientre y relajarlo sobre el de su compañero. El tiene fácil acceso al clítoris y los pechos de su compañera. Ella no puede estar más cargada de ocupaciones, con lo cual no tiene más que relajar el resto del cuerpo hasta acabar más cansada que nunca, lo que hace más excitante el orgasmo. Según el Kama Sutra muchas de estas posiciones están tomadas del hatha yoga, por lo cual pueden resultar difíciles para los no iniciados.

DELEITE:

Ella se arrima al borde de la cama o de una silla. El se arrodilla para dejar su pene a la misma altura que la vagina de ella, que se abre de piernas para recibir el sexo de su compañero y echar su cuerpo para atrás en una sutil relajación. Al mismo tiempo, el cuerpo de él es envuelto por las piernas de ella mientras se ocupa de marcar el ritmo de la penetración.

LA POSESIÓN:

Las piernas se entrelazan en esta postura sensual y plajustifya, donde la mujer permanece acostada y con las piernas abiertas esperando que su compañero la penetre sentado y tomándola de los hombros para regular el movimiento. El pene entra y sale desviando su movimiento hacia abajo, ya que la altura del vientre de la mujer queda levemente más arriba que la del hombre.

www.ingramcontent.com/pod-product-compliance
Lightning Source LLC
La Vergne TN
LVHW011237080426
835509LV00005B/535